KB195635

AI는
어떻게 인생의
무기가 되는가

Life With Intelligence

차원이 다른 삶은 AI로 설계된다

AI는 어떻게 인생의 무기가 되는가

이경전 지음

21세기북스

당신의 비즈니스 모델은 무엇입니까?

산업혁명으로 많은 사람의 삶이 바뀌었음을 우리는 잘 알고 있다. 직업은 농부에서 공장과 기업의 근로자 및 경영자로, 삶의 터전은 농촌에서 도시로 바뀌어왔다. 그 역사를 넘어 이제는 AI 혁명이 일어나고 있다. AI 혁명으로 우리의 삶은 어떻게 바뀌게 될까? 그로써 내 삶의 모델은 무엇이 되어야 할까? 한 번쯤 생각해봐야 할 시기다.

우선 현재 나의 비즈니스 모델을 점검해봐야 한다. 당신은 세상에 어떤 가치를 주고 있는가? 아직 없다면 세상에 어떤 가치를 창출하는 사람이 될지 생각해보자. 분명 가치를 주고 있는데, 경제적으로는 부족한가? 그렇다면 가치를 적게 창출하고 있거나, 전달이 잘 안 되고 있거나, 아니면 수익 모델을 잘못 잡았을 수 있다.

'당신은 세상에 어떤 가치를 주고 있는가?'라는 질문은 경영학에서 연구된 비즈니스 모델의 이론을 적용한 질문이다. 하버드 경영대학원의 클레이튼 크리스텐슨Clayton Christensen 교수의 『당신의 인생을 어떻게 평가할 것인가』라는 책을 읽어본 적이 있다. 경영학계에서 검증된 연구와 이론을 개인의 삶에 적용한 좋은 책이다. 21세기북스 출판사로부터 출간 제안을 받았을 때, 이 책이 떠올랐다. 작가의 주관적 경험에만 근거한 인생론이나 자기계발 서적 말고, 비즈니스 모델 이론과 사례, 세계적으로 활발한 AI 방법론과 동향을 인생의 비즈니스 모델론에 적용하는 책이 있으면 어떨까 하는 생각으로 제안을 수락했다.

많은 학자가 계속 인용하는 이론과 개념은 그것이 현실에 적용될 때 힘과 생명력을 얻는다. 창업과 연구에서 검증된 사실과 인과관계 역시 다른 분야에 적용될 때, 늘 작동되는 것은 아니지만, 그래도 힘을 가진다.

나는 25년 이상 비즈니스 모델을 연구하고 강의해왔다. AI를 연구한 지는 33년이 넘었다. 중간에 창업도 두 번 해보았다. 이러한 연구와 창업 경험, 그 과정에서 검증해본 경영학 이론, 그리고 삶에 적용해본 AI의 여러 방법론과 알고리듬, 이런 것을 우리의 일상과 바람직한 가치관 설정, 인생 계획에 사용할 수 있지 않을까 하는 마음에서 이 책을 썼다.

인간의 삶과 죽음은 기업의 흥망성쇠와는 다르고, 인간역시 기계나 AI와는 다를 것이다. 그러나 유사한 측면도꽤 있다. 인간, 기업, 기계는 다 어떤 목적이 있고, 무언가가 계속 투입되며, 내부 과정을 거쳐 어떤 것을 산출한다. 모두 일종의 시스템인 셈이다. 그렇다면 삶의 지혜를 경영학으로부터, 인공지능학으로부터 얻어보면 어떨까? 내 삶을 마치 기업처럼 경영하고, AI에 대입하면서 문제 해결을시도해보면 어떨까? 그리고 하루가 다르게 쏟아져 나오고있는 AI 도구를 활용해보면 어떨까?

나는 요즘 GPT-4와 퍼플렉시티Perplexity.AI, 수노Suno.AI, 딥엘DeepL을 쓰면서 많이 놀란다. 나는 이러한 AI 도구를 활용해 전에 하지 못했던 일을 하고, 작곡을 하고, 그림도 그린다. 구글이나 네이버를 썼다면 수십 번 검색해야 했을 일을 퍼플렉시티로 한두 번만의 검색으로 끝낸다. 젠스파크GenSpark도 재미있는 툴 중 하나다. 스탠퍼드대학교의 스톰STORM도 물론 유용하다.

한편으로는 'AI가 이렇게 내 일을 도와주면 나는 무슨 가치 있는 일을 해야 하나?' 하는 행복한 고민에 빠지기도 한다. '앞으로 어떤 새로운 세상이 펼쳐질까? 내가 한 번 만들어볼 것은 없을까?' 하는 생각도 하게 된다. 여러분도 함께 실천해보면 좋겠다. 일상적으로 AI를 활용하면서 업무 방식을 바꾸고, 이를 통해 성과 향상의 기쁨을 누리길 응원한다. 나아가 그것이 여러분의 개인 비즈니스 모델을 만드는 계기가 된다면 더욱 보람 있을 것이다. 앞으로 AI와 더불어 사는 삶은 피할 수 없는 현실이 되었다. AI와 함께 살아갈 내 삶의 모델을 이번 기회에 점검하고 새로운 기회로 만들어보자. Bravo your Life with Intelligence!

2024년 12월

이경전

Contents

AI와 비즈니스 모델을 통해 삶을 바라보자

2부

나를 경영하자

4부

AI로부터 배우는 인생론
- 디지털 나, 그리고 에이전트

1부

AI와
비즈니스 모델을
통해 삶을 바라보자

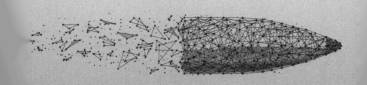

Life With Intelligence

한 기업의 주가는 그 기업의 현재의 가치가 아니라 미래의 가치를 반영한다고 한다. 기업이 미래의 가치를 내다보면서 회사를 관리하고 경영의 방향키를 설정하듯, 우리 삶도 과거 혹은 현재의 가치가 아니라 미래의 가치를 판단하면서 운영되어야 한다.

1장
거인의 어깨 위에 올라서서

인쇄술 이후 최대의 지적 혁명, 챗GPT

2024년 현재, 전 세계 산업에서 가장 큰 화두라고 하면 단연 '챗GPT를 비롯한 AI가 어떻게 세상을 바꿀 것인가'일 것이다. 챗GPT는 알파고와 함께 대표적인 AI 프로그램으로, 2022년 11월 30일 첫 버전이 등장한 이래 2023년 3월 14일에 GPT-4가 발표되었고, 클로드, 제미나이, 미스트랄, 그락, 라마 등 다양한 AI와 경쟁하고 있다.

우리가 일상적으로 AI를 사용한 지는 얼마 되지 않았지만, AI라는 개념은 지금으로부터 약 70년 전인 1955년에 미국의 컴퓨터 과학자인 존 매카시 John McCarthy 가, 1956년 다트머스에서 열릴 인공지능에 관한 회의를 준비하는 과정에서 처음으로 언급한 바 있다. 나는 1988년 AI(인공지능)라는 용어에 매력을 느껴 이 분야를 연구하기로 마음먹었다.

그 당시 내가 속한 대학은 무학년 무학과를 표방했으므로 입학 후 학과 선택이 자유로웠다. 입학할 때는 수학과 지망생이었는데, 수학과 소개 요람을 보니 'AI(인공지능)를 주로 연구하고 가르친다'고 써 있었다. 나중에 보니 수학과에서는 AI를 전혀 안 가르쳤다. AI 관련 학과는 수학과를 포함해 세 개 있었는데, '컴퓨터 과학을 전공할까 경영과학을 전공할까' 고민하다가 'AI를 세상에 응용하는 쪽으로 하자'는 마음에 경영과학을 선택했다.

공부를 하면서 1992년에는 '공간 배치와 일정 계획을 동시에 하는 AI 방법론을 개발한 과정'에 관한 석사 학위 논문을, 1995년에는 '그 방법론을 실제 대우조선에 적용한 AI 시스템'에 관한 박사 학위 논문을 완성했다.

개인적인 경험을 넘어 AI를 대중에게 처음 각인한 프로그램은 모두가 알다시피 '알파고AlphaGo'였다. 구글의 딥마인드에서 개발한 AI 바둑 프로그램인 알파고는 2016년 이세돌 9단과의 대결로 잘 알려져 있다. 이때 나는 TV조선에서 4국을 해설했다. 운 좋게도 인류가 유일하게 AI를 이긴 바로 그 한 판이었다. 이세돌 9단이 3연패 후 첫 승을 거두는 순간, 스튜디오는 마치 한국 축구가 월드컵 우승이라도 한 것처럼 환성과 박수가 터져 나왔다. 그 이후 몇 년간 AI의 발전상이 언론을 통해 전파되다가 마침내 2022년 챗GPT의 등장으로 본격적인 AI 시대가 열리게 되었다.

전 미국 국무장관이자 정치학자인 헨리 키신저Henry Kissinger는 고인이 되기 전 챗GPT를 보고 "챗GPT 혁명은 인쇄술 이후 최대의 지적 혁명"이라고 말하기도 했다. 그는 《파이낸셜 타임스》와의 인터뷰에서는 "미-중 패권은 핵무기가 아니라 AI가 좌우할 것"이라며 앞으로 챗GPT가 일상뿐 아니라 정치, 경제, 사회 전반에 큰 영향을 미치게 될 것을 예견했다. 서울대학교 컴퓨터공학부의 문병로 교수

역시 "지난 100년의 어떤 과학적 발전보다 앞으로 더 큰 발전이 앞으로 100년 동안 일어날 것이다."라고 말하며 AI 기술 발전이 가져올 격변을 예고했다. 30년 전의 인터넷, 그보다 몇 백 년을 거슬러 올라간 인쇄술처럼 사회의 극적인 발전을 가져온 기술의 자리를 이제 AI가 꿰차게 될 것이라는 전문가들의 평가는 지금의 변화 속도를 볼 때 충분히 가능한 상황으로 흘러가고 있다.

AI는 인간의 삶을 어떻게 바꿀까?

AI가 급속하게 발전을 거듭하면서 많은 사람의 관심은 "AI가 과연 인간의 삶을 어떻게 바꿀까?"로 모이고 있다. 이미 영화와 드라마 같은 다양한 대중매체에서 AI의 발전에 따른 사회의 변화를 상상의 소재로 자주 사용하고 있다. 그중에서도 특히 우리나라에는 잘 알려지지 않았지만 〈I am your man Ich bin dein Mensch〉이라는 독일 영화는 꽤 재밌으면서도 성찰적인 영화로, 꼭 한번 보길 추천한다.

우리가 30년 후의 미래를 가늠하기 어렵듯 30년 전도 지금과는 많이 다른 모습이었다. 그때 전 세계에는 이전에 가능하리라 생각하지 못한 큰 변화가 일어났다. 일례로 1993년 무렵 MBC의 〈믿거나 말거나〉라는 프로그램에서는 월드와이드웹이란 것을 소개했다. 마우스로 클릭하기만 하면, 상점을 마음대로 옮겨 다닐 수 있다는 내용이었다. 나는 정말 믿을 수 없었다. 진짜 믿거나 말거나였다.

이것이 훗날 실현된 인터넷의 대중화였다. 1994년 야후와 아마존이 문을 열었고, 4년 후인 1998년에는 구글과 네이버가 탄생했다. 그리고 전 세계 모든 사람은 마치 이전부터 당연히 그랬던 것처럼 일상적으로 인터넷을 사용하기 시작했다.

인터넷이 보편화된 후, 비즈니스와 시장은 완전히 재편됐다. IT 비즈니스를 포함한 수많은 업무가 온라인상에서 이루어졌고, 오프라인 시장은 점점 축소되었다. 비즈니스 혁명이 일어난 것이다. 일상생활도 이전과는 크게 달라졌다. 처음 인터넷이 대중화되었을 때는 사무실과 학교에 국한해서만 사용했지만, 이제는 모든 사람이 스마트폰을 소지하고 하루의 대부분을 인터넷과 함께 보낸다. 그런데 인터넷이 일으킨 혁명보다 더 큰 물결이 30년 만에 우리를 덮쳐오고 있다. 그것이 AI 혁명이다.

우리는 앞으로 어떻게 살아야 할까? 이제 과거에 하던 공부는 의미가 없어진 것일까? 아니면 새로운 공부를 계속 해야 할까? 어떤 자세로 사는 것이 맞는 것일까?

확언할 수 있는 진실은 단 하나다. 이에 대한 해답을 알고 있는 사람은 아무도 없다는 것이다. 나 역시도 마찬가지다. 우리는 이제 거인의 어깨 위에 올라간 난쟁이처럼, 거대한 물결에 잘 올라탄 채로 흐릿한 풍경을 내다보며 올바른 미래로 나아갈 길을 차근차근 설계해야 한다. 그리고 지난 수십 년간 AI와 비즈니스 모델을 연구한 사람으로서 여러분이 더 나은 방향을 설정할 수 있도록 도와주는 것이 나의 역할이다. 이 책에서는 바로 이러한 AI와 경영 이론의 사례를 바탕으로 단순한 기술적 가이드가 아닌 일종의 인생론을 펼쳐 보이려고 한다.

2장
비즈니스 모델의 탄생 과정

삶에도 비즈니스 모델이 필요하다

경영학을 전공하지도 않고 창업을 꿈꾸지도 않는 사람이라면 비즈니스 모델을 왜 배워야 하는지 궁금할 것이다. 그것은 기업의 운명을 바꾸고 새로운 가치를 만들어내는 비즈니스 모델이 개인의 라이프 모델과도 연결되는 지점이 있기 때문이다.

재무관리에서 가르치는 중요한 원리 중 하나는 '모든 기업의 가치는 미래 가치'라는 명제다. 즉, 지금 현재 어떤 회사가 적자 상태로 굴러가더라도 그것만으로 그 회사의 가치를 판단해서는 안 되며 미래에 어떤 성공 비전을 갖고 운영되는지를 파악할 수 있어야 한다는 말이다.

　어른들은 돈과 관련해서 흔히 "친구에게 큰돈을 빌려주지 마라."라고 조언한다. 오랜 친구가 어려움에 처했을 때, 마음이 약해져 선뜻 큰돈을 빌려주었다가 친구도 잃고 돈도 잃을 수 있기 때문이다. 이 문제에도 미래 가치라는 개념을 적용해볼 수 있다. 많은 사람이 친구라는 가치를 주로 과거의 경험대로 생각한다. 어리고 젊었던 시절, 함께 행복한 시간을 보내며 추억을 쌓았던 관계라고 여기기 때문에 의리와 우정을 믿고 돈을 빌려주는 것이다. 하지만 그 사이 시간이 흐르면서 친구도 나도 상황이 달라졌으므로 그때의 마음으로 큰돈을 내줬다가 친구가 돈을 갚지 않으면 후회하며 모든 것을 잃게 된다.

　기업이 미래의 가치를 내다보면서 재무관리를 하고 경영의 방향키를 설정하듯, 우리 삶도 과거 혹은 현재의 가치가 아니라 미래의 가치를 고려하면서 운영되어야 한다. 내가 다른 사람에게 좋은 연인, 가족, 친구가 되려면 옛날에 저 사람에게 무엇을 해줬는가에 얽매여서는 안 된다. 그러다 보면 결국 상대에게 무언가를 자꾸 바라게 되고 더 나은 관계로 발전하지 못한다. 그보다는 '앞으로 이 사람에게 무엇을 해줄 것인가', '내가 도와줄 수 있는 부분은 어떤 것인가' 등 미래 가치를 고려하다 보면 관계가 더욱 행복하고 윤택해질 것이다.

비즈니스 모델의 핵심은 가치 창출이다

2015년 6월, 〈세상을 바꾸는 시간 15분〉이라는 프로그램에 출연해 "당신의 비즈니스 모델은 무엇입니까?"라는 주제로 강연한 적이 있다.[1] 약 30년 전까지만 해도 '비즈니스 모델'이라는 단어는 경영학에서 잘 쓰이지 않았다. 그러다 1990년 중반에서 후반으로 넘어오면서 서서히 이 용어를 쓰는 사람이 많아지기 시작했다. 인터넷의 보급과 맞물리는 시기였다. 인터넷의 대중화로 새로운 기회가 생겨나고, 이를 바탕으로 이전에는 없었던 신사업에 도전하는 사람도 점점 늘어났다. 그리고 기업과 경영학에서도 비즈니스 모델에 대한 연구가 활발하게 이루어지기 시작했다. 그렇다면 비즈니스 모델이란 무엇일까? 또 이를 경영학적 관점에서는 어떻게 풀어볼 수 있을까? 비즈니스 모델을 우리 삶에 적용한다면 어떤 방식으로 가능할까?

먼저 비즈니스 모델은 크게 세 가지 과정을 거쳐서 탄생한다. 프랑스 퐁텐블로에 위치한 유럽경영대학원INSEAD의 장 클로드 라레슈Jean. C. Larreche 교수는 『모멘텀 이팩트』라는 책에서 비즈니스 모델이 세 가지 과정을 거쳐서 완성된다고 설명했다. 그 과정이란 첫째, 가치 창출Value Creation, 둘째, 가치 전달Value Delivery, 셋째, 가치 획득Value Capture이다. 자신만의 비즈니스 모델을 단단하게 완성하고, 그 대가로 어떤 가치를 얻기 위해서는 이 순서를 꼭 기억해야 한다.

그중에서도 가장 중요한 것은 '가치 창출'이다. 우리의 인생은 나와 타인을 위해 어떤 방식으로든 가치를 만들어내는 것이 가장 큰 목표이고, 모든 사람은 이를 위해 노력하며 발전한다. 따라서 행복한 인생을 만들기 위해서는 나뿐 아니라 타인과 사회를 위해 의미 있는 가치를 창출해야만 한다. 이렇게 만들어진 가치는 멈춰 있거나 고여 있어서는 안 되며 그 가치가 필요한 사람에게 전달되어야 비로소 의미가 생긴다. 그리고 비즈니스 모델은 이로써 생겨난 수익을 내가 가져갈 때 완성된다.

그런데 만약 내가 창출한 가치보다 더 많은 이익을 챙긴다면? 이는 올바른 대가가 아니며 심할 경우 다른 사람을 속여서 부당한 이득을 취하는 사기일 뿐이다. 내가 창출해서 누군가에게 전달한 가치 이상의 것을 획득할 욕심을 내서는 안 된다는 말이다.

한편으로는 자신이 만든 가치를 타인에게 제공하면서 대가를 받지 않는 사례도 있다. 예를 들어, 구글이나 네이버와 같은 검색 엔진 서비스, 페이스북이나 인스타그램, 틱톡과 같은 소셜미디어, 왓츠앱이나 카카오톡 같은 메신저를 생각해보자. 이 회사들은 이전에는 없었던 새로운 비즈니스 모델을 완성해 대중에게 유용한 가치를 전달했다. 하지만 서비스를 무료로 제공하고 이에 대한 대가를 소비자에게 요구하지 않았다. 많은 사람이 이러한 서비스를 고마운 마음으로 쓰면서도 한편으로는 '이 기업들은 어떻게 수익을 내는 걸까?'라는 의문을 품었다.

앞에서 언급한 IT 기업들은 서비스를 유료화해서 천천히 성장하기보다는 무료 서비스를 제공함으로써 단기간에 많은 사용자를 끌어모으는 데 집중했다. 먼저 고객이 서비스 자체에 익숙해지도록 만드는 것이다. 사람은 보통 무언가에 익숙해지면, 특별한 계기가 있지 않은 이상 다른 제품 혹은 서비스로 갈아타기가 쉽지 않다. 그러다 보니 검색엔진 중에서는 한국인에게 특화된 네이버, 그리고 심플한 포맷에 정확한 검색 결과를 제공하는 구글이 가장 많은 사용자를 모으며 지금까지 살아남았다.

소셜미디어도 마찬가지다. 대부분의 사람은 자신이 주로 쓰는 몇 가지 소셜미디어 이외에 다른 소셜 플랫폼은 잘 사용하지 않는다. 페이스북과 인스타그램 유저가 엑스x(구 트위터)나 틱톡까지 두루 쓰는 경우는 흔치 않고, 유튜브와 틱톡을 자주 보는 사람이 페이스북과 인스타그램까지 아우르기는 쉽지 않다. 보통 사람의 마음속에는 세 개의 방이 있다고 하는데, 내가 쓰는 소셜미디어는 그 방 가운데 하나를 선택받은 셈이다.

마지막으로 이런 무료 서비스가 자리 잡는 데 큰 영향을 주는 요소는 '네트워크 효과'다. 이런 현상은 특히 카카오톡과 같은 메신저 및 커뮤니케이션 서비스에서 자주 발견된다. 카카오톡이 엄청난 속도로 국내 대표 메신저가 된데에는 이전까지 유료로 제공되던 메신저(문자)를 무료로 제공했다는 점과 동시에 친구와 실시간 채팅하듯 편한 방식으로 대화가 진행된다는 점이 한몫했다. 초창기 스마트폰 유저들이 카카오톡을 쓰기 시작하자 나중에 유입된 유저들 역시 선택의 여지없이 당연한 듯 카카오톡을 사용하게 되었다.

이처럼 구글, 네이버, 페이스북, 인스타그램, 카카오톡은 사용자들에게 기본 서비스를 무료로 제공하면서 성장했고, 서비스 사용자들에게 다가가고 싶은 기업들로부터 광고 등을 받아 수익을 창출한다.

그런데 명심할 점은 가치 창출, 가치 전달, 가치 획득 순서가 달라지면 좋은 방식으로 가치가 분배될 수 없다는 것이다. 가장 대표적인 형태가 비트코인과 같은 암호화폐다. 이것은 새롭게 창출되는 가치 없이 가치 획득에만 목표를 두고 있다는 문제점이 있다. 암호화폐에 잘 투자하면 자산을 늘린다는 개인적인 목표는 달성할 수 있겠지만, 아직 암호화폐만으로 일어나는 가치 창출은 거의 없다.

가치 획득보다 가치 창출이 먼저인 것은 인생과 세상의 이치다. 가치 획득이 먼저 일어나는 것은 대부분 사기다. 다만, 암호화폐 중에서 비트코인은 인플레이션이 심한 다른 화폐와 달리 반감기가 있어 인플레이션이 완만하므로 자산 가치 저장 수단으로써의 가능성을 좀 더 관찰해볼 필요는 있다.

라이프 모델, 재능을 활용해 가치를 혁신하는 일

비즈니스 모델에는 여러 가지 정의가 있지만, 가장 간단하게 설명하자면 앞서 이야기한 3단계를 풀어서 '기술을 개발 또는 소싱해 사회에 가치를 창출하고, 그 대가의 일부로 수익을 가져가는 것'이라고 할 수 있다.

[그림1]을 살펴보자. 이 그림은 미국 캘리포니아대 버클

〔그림 1〕기술이 가치 창출로 이어지는 과정[2]

비즈니스 모델은 기술을 경제적 성과로 변환

기술 ⟷ 비즈니스 모델 ⟷ 경제적 성과

리 캠퍼스의 헨리 W. 체스부르Henry W. Chesbrough 교수와 하버드 경영대학원의 리처드 S. 로젠블룸Richard S. Rosenbloom 교수가 2002년에 공저한 논문을 인용한 것으로, 비즈니스 모델이 기술과 경제적 성과 사이에서 어떻게 작용하고 있는지 보여준다. 가운데는 비즈니스 모델, 왼쪽은 기술, 그리고 오른쪽은 경제적 성과를 의미한다. 기술은 비즈니스 모델을 선택하는 하나의 고려 요소로만 판단해야 하며, 기술 때문에 비즈니스 모델을 선택해서는 안 된다. 기술이 경제적 성공을 반드시 보장하지는 않기 때문이다.

성공하기 위해서는 당연히 기술뿐만 아니라 비즈니스 모델 자체도 좋아야 한다. 이를 증명한 대표적인 인물이 바로 스티브 잡스다. 애플을 창업한 잡스는 기술을 갖고 있지 않았다. 그는 자신의 약점을 보완하기 위해 스티브 워즈니악과 손을 잡았고, 워즈니악의 기술을 소싱해서 제품을 만들어 개발하고 큰 성공을 거뒀다.

그렇다면 이 도식을 라이프 모델로 가져와서 기술을 재능으로 치환해보면 어떨까. 기술을 경제적 성과로 만드는 것이 비즈니스 모델이라면, 우리의 재능을 특정 방식으로 개발하고 소싱해 가치를 창출하고 수익을 내는 것이 바로 라이프 모델이다. 모든 사람에게는 다른 사람과 차별화되는 재능이 있다. 설령 그 재능이 유의미한 가치를 만들어낼 만큼 대단하지 않다면, 다른 사람의 재능을 소싱해서 가치를 만들어내고 그 사람과 결과를 배분하는 방식도 가능하다. 애플의 비즈니스 모델에서 잡스가 그랬던 것처럼 말이다.

다른 누군가의 아이디어를 참고하는 일도 가능하다. 학자는 다른 연구자의 논문을 베껴 쓰면 표절이 되지만, 비즈니스 혹은 라이프 모델에서는 잘하는 사람이나 회사의 것을 나의 모델로 가져오는 것이 허용된다. 다만, 이때 똑같이 베끼지 않고 나에게 알맞게 발전시켜 다른 사람과 차별화해야 성공할 가능성이 커진다. 이와 동시에 다른 사람은 베낄 수 없는 고유한 모델을 만들어야 그 가치가 더욱 증폭된다. 어려운 이야기지만, 노력 여하에 따라 실제로 가능한 이야기다. 나 역시 교수라는 직업을 시작하면서, 선배 교수님들과 차별화된 라이프 모델을 만들기 위해 노력했고, 연구 교육 분야도 선배 교수님들과 직접 경쟁하기보다는 굳이 경쟁하지 않아도 되는 블루오션을 선택해 나만의 분야를 개척해왔다.

비즈니스 모델을 라이프 모델로 가져왔을 때, 중요하게 생각해야 하는 것은 무엇일까? 이에 대한 답을 얻기 위해 챗GPT에게 "기업에 비즈니스 모델이 있다면, 개인의 라이프 모델에서 고객에 대응하는 것은 무엇일까?"라고 질문해봤다. 정확한 답을 위해 여러 번의 부가 질문을 거듭한 끝에 다음과 같은 대답을 얻을 수 있었다.

"기업이 고객에게 가치를 제공하고 수익을 창출하는 것과 마찬가지로 개인도 이러한 관계 속에서 상호 가치를 교환하면서 살아가는 것이다. 가족 구성원에게 사랑과 지원을 제공하고 친구와는 신뢰와 위안을 나누며 직장 동료와는 협력과 존중을 기반으로 상호 성공을 추구한다. 이러한 관계를 맺으면서 개인은 자신의 삶을 유의미하게 만들고 자아실현을 완성하며 사회적으로 기여하는 삶을 살 수 있다."

즉, 챗GPT는 비즈니스 모델에서 고객에 해당되는 개념을 라이프 모델에서 '관계'라고 보았다. 그리고 그 관계에서 중요한 대상을 '가족, 친구, 동료, 멘토'로 설정했다. 우리가 삶에서 가치를 제공해야 하는 대상이 바로 가족, 친구, 동료, 멘토라는 뜻이다. 이러한 관계는 분명 삶에 큰 영향을 미치며 우리의 성장과 발전 및 행복에도 기여한다.

어쩌면 챗GPT는 인생의 본질을 정확히 꿰뚫고 있는지도 모르겠다. 삶이 이 대답대로만 흘러간다면 이론의 여지없이 행복하고 완전해질 테니 말이다. 수천 년 인간의 역사에서 내로라하는 현자들이 말한 인생론과 크게 다르지 않다. 그렇다면 비즈니스 모델을 라이프 모델로 완벽하게 구현한 사례를 조금 더 구체적으로 살펴보자.

나의 가치를 더 넓게, 더 크게

2010년, 스페인의 세계적인 요리사 페란 아드리아Ferran
Adria를 비즈니스 모델 진화 과정으로 분석한 논문[3]이 발
표되었다. 아드리아는 미쉐린 3스타 레스토랑인 엘불리El
Bulli를 이끄는 수장으로서, 20년간 엘불리를 경영하며 '천
재 요리사', '분자요리의 창시자'라는 별명을 얻었다. 그는
매해 수익의 20퍼센트를 새로운 요리를 개발하는 데 투자
했고, 1년의 절반은 식당 문을 열지 않고 실험하는 시간으
로 사용하면서 무려 1,864가지에 달하는 신메뉴를 개발
할 수 있었다. 엘불리는 돌풍을 일으키던 2011년 돌연 문
을 닫는다고 선언해 수많은 미식가의 아쉬움을 자아냈다.

아드리아가 처음부터 요리에 뜻이 있었던 것은 아니다.
그는 어느 호텔 식당에서 설거지를 담당한 것을 시작으로
요식업에 입문했고, 이후 여러 식당을 거치며 미식 기술을
습득했다. 그러다 우연히 엘불리에서 한 달간의 인턴십 활
동으로 요리 인생의 전환점을 맞았다. 그는 엘불리에서 승
승장구하며 수석 요리사로 재직하던 중, 엘불리를 인수해

자신만의 비즈니스 모델을 구축했다.

그는 엘불리를 혁신적인 요리 실험실로 바꿨다. 매년 레스토랑 메뉴를 100퍼센트 새롭게 구성하고, 말 그대로 '창의적인 자유'를 실현했다. 요리를 단순히 음식으로만 본 것이 아니라 교육, 출판, 컨설팅 등 다양한 분야로 확장하면서 요식업에 일대 혁명을 가져온 것이다. 비교하자면 요리계의 잡스라고 해도 과언이 아니었다.

그는 계속해서 도전하며 새로운 가치를 창출했다. 멈추지 않는 탐구 정신으로 이전에는 볼 수 없었던 요리의 한 장르를 개척했다. 그는 이 기술들을 후배 요리사들에게 아낌없이 가르치고, 책으로 출간하기도 했다. 요리사라는 직업은 자신이 몸을 움직이는 만큼만 돈을 벌 수 있는 직업이지만, 그는 다른 요리사를 교육함으로써 자신의 분신을 만들고, 더 많은 사람을 위해 출간까지 하면서 마침내 아드리아와 엘불리를 일종의 요리 사업 플랫폼으로 발전시킨 것이다.

이런 혁신은 우리 주변의 가까운 곳에서도 종종 발견된다. 내 지인 중에는 아이브로바를 운영하며 눈썹을 예쁘

게 그리기로 유명한 분이 있다. 그분에게 요즘 가장 하고 싶은 일이 무엇인지 묻자 눈썹 타투하는 방법을 교육하고 싶다는 대답이 돌아왔다. 그 말을 듣고 "혼자서 눈썹 그리는 노하우를 가지고 있으면 더 많은 돈을 벌 수 있을 텐데 왜 굳이 교육을 해서 경쟁자를 만드려고 하세요?"라고 의아해하자 우문현답이 돌아왔다.

"제가 세상 사람의 눈썹을 다 그릴 수는 없잖아요."

이분은 후계자를 키움으로써 자신이 더 높은 자리로 발돋움할 수 있다는 세상의 이치를 일찍 깨달은 것이다. 지금처럼 혼자서 숍을 운영한다면, 딱 자신이 일한 만큼만 돈을 벌고 그만큼의 명예를 거머쥘 수 있겠지만, 노하우를 다른 사람에게 전수하면 그 기술이 부가가치를 창출해 나에게 되돌아온다. 그렇게 뻗어 나간 가치는 더 크게 살아 움직이는 생명력을 얻게 되는 것이다.

아드리아가 꿈꾼 비즈니스 모델도 이와 마찬가지였다. 그가 전 세계 모든 사람이 먹을 요리를 만드는 일은 불가능하다. 아드리아는 이 같은 진리를 일찌감치 깨달아 다른 요리사를 교육하고, 자신의 레시피를 글로 남겨 더 많은 사람에게 자신의 요리를 맛보여주겠다는 꿈을 실현한 것이다. 이러한 사례를 통해 올바른 비즈니스 모델이란 '자신이 창출한 가치를 더 많은 사람에게 전달하고자 하는 노력'이라고 해석할 수도 있다.

3장

나를 창업하라

비타민이 아니라 진통제를 만들어라

지금부터는 본격적으로 어떻게 비즈니스 모델을 만들어 낼지 알아보자. 나에게 좋은 아이디어가 있고, 이것이 사회 발전에 기여할 수 있을 것 같다는 1차원적인 접근으로는 결코 제대로 된 비즈니스 모델이 도출되지 않는다. 누구나 아이디어를 떠올릴 때는 다각도에서 면밀히 접근하기보다는 자신의 경험과 지식을 바탕으로 성급한 결론을 내리기 쉬운데, 그와 같은 오류를 범하지 않기 위해서는

경영학에서 비즈니스 모델을 개발하는 구체적인 방식을
배울 필요가 있다.

유럽경영대학원의 블루오션 전략 연구소 공동소장인 김
위찬 교수와 르네 A. 마보안Renee A. Mauborgne 교수는 『블루
오션 전략』에서 비즈니스 모델을 개발하기 전 순서대로 점
검해야 할 사항에 관해 언급한다.

첫째는 '당신의 비즈니스 아이디어가 고객에게 정말 예
외적인 가치를 제공하는가?'를 묻는 것이다. 이 질문에 대
답할 수 없다면, 사업은 다시 원점으로 돌려야 한다. 어떤
아이디어를 떠올리고, 이를 사업화하려고 마음먹으면 누
구나 잠이 오지 않을 정도로 설레는 마음이 든다. 아무도
예상하지 못한 성공을 거두고 큰돈을 벌 수 있을 것이라
는 기대도 밀려온다. 사업을 확장하는 방식에 대한 아이디
어도 무작위로 떠오른다. 하지만 막상 이런 아이디어를 다
른 사람에게 이야기하면 이미 존재하는 아이템이라거나
별로 매력적이지 않다는 대답이 돌아올 때가 많다. 이는
내 아이디어가 고객이나 바이어에게 예외적인 가치를 주
지 않을 것이라는 뜻이다.

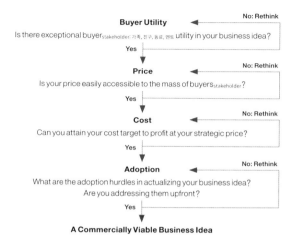

Buyer Utility

No: Rethink

Is there exceptional buyer_{stakeholder: 가족, 친구, 동료, 멘토} utility in your business idea?

Yes

Price

No: Rethink

Is your price easily accessible to the mass of buyers_{stakeholder}?

Yes

Cost

No: Rethink

Can you attain your cost target to profit at your strategic price?

Yes

Adoption

No: Rethink

What are the adoption hurdles in actualizing your business idea?
Are you addressing them upfront?

Yes

A Commercially Viable Business Idea

둘째는 '많은 사람이 쉽게 접근할 수 있을 만큼 충분히 낮은 가격인가'를 묻는 것이다. 첫 번째 조건인 '누군가를 만족시킬 만한 예외적인 가치'인지가 충족되었다면 그다음으로는 가격 설정 문제를 고민해봐야 한다. 여기에서는 예상 비용에 마진을 더하는 단순한 계산으로 가격을 책정해서는 안 된다는 게 핵심이다.

비용은 가격을 책정하고 나서 봐야 한다. [그림2]를 보면 아이디어를 구상할 때 가장 먼저 고려해야 할 요소로 '구매자 효용성Buyer Utility'을 들고, 그다음으로 '가격Price' 접근성, 그리고 마지막으로 원가 목표를 달성할 수 있는 '비용Cost'인지를 파악해야 한다고 강조한다. 여기에서 비용을 가격에 맞출 수 없다면 사업은 시작하지 않는 것이 낫다. 기업에서 혁신적 노력을 지속하는 이유도 이와 같은 원가 절감, 비용 목표를 달성하기 위함이다.

중요한 내용이므로 다시 한번 강조하자면, 사업의 아이디어를 만드는 방식은 내 아이디어가 고객에게 예외적 가치를 제공하는지, 사업을 추진해도 될 만큼 많은 고객에게 접근 가능한 가격인지, 마지막으로 낮은 가격에도 불구하고 비용 구조에 따라 마진을 낼 수 있는지를 가늠해봐야 한다. 그리고 한 가지만 더 첨언하자면 '채택Adoption'에 장벽이 있는지를 확인하자. 사업을 막을 만큼 큰 장애물이 있다면, 절대 비즈니스를 시작해서는 안 된다.

창업과 관련한 격언 가운데 "비타민을 만들지 말고 진통제를 만들라."라는 말이 있다. 비타민은 오늘 하나를 먹었다고 해서 당장 효과가 나타나지 않는다. 반면 진통제는 몸이 아플 때 먹으면 순식간에 약 기운이 온몸에 퍼지면서 효과가 나타난다. 즉, 사업이란 고객이 어디에서 고통을 느끼는지 동물적으로 감지하고 이를 내 아이디어로 치료할 수 있어야 한다는 의미다.

여기에 더해 내 비즈니스 모델이 고객에게 습관화된다면 더할 나위 없이 좋다. 내가 만든 재화나 서비스를 누구나 늘 곁에 두고 사용한다면, 그 사업은 틀림없이 성공할 수 있을 것이다.

나만의 슬로건 만들기

그렇다면 비즈니스 모델은 어떻게 개발할 수 있을까? 다음 [그림3]은 내가 교육 현장과 컨설팅에서 비즈니스 모델에 관해 설명할 때 사용하는 도식이다.

첫 번째는 시나리오 작성 단계다. 비즈니스 모델이든, 라이프 모델이든 처음에는 '내가 이런 비즈니스를 한다면(내

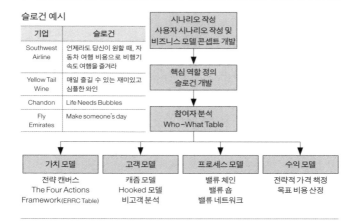

〔그림 3〕 비즈니스 모델의 개발 단계

슬로건 예시

기업	슬로건
Southwest Airline	언제라도 당신이 원할 때, 자동차 여행 비용으로 비행기 속도 여행을 즐겨라
Yellow Tail Wine	매일 즐길 수 있는 재미있고 심플한 와인
Chandon	Life Needs Bubbles
Fly Emirates	Make someone's day

시나리오 작성
사용자 시나리오 작성 및
비즈니스 모델 콘셉트 개발

↓

핵심 역할 정의
슬로건 개발

↓

참여자 분석
Who-What Table

가치 모델	고객 모델	프로세스 모델	수익 모델
전략 캔버스 The Four Actions Framework(ERRC Table)	캐즘 모델 Hooked 모델 비고객 분석	밸류 체인 밸류 숍 밸류 네트워크	전략적 가격 책정 목표 비용 산정

가 이런 인생을 산다면), 앞으로 내 회사(내 삶)는 어떻게 펼쳐질 것인가?'라고 구상하며 시나리오를 만들게 된다. 성향에 따라 구체적으로 시나리오를 쓸 수도 있지만, 조금은 모호한 상태를 예측할 수도 있다.

이후에는 '거기에서 나는 어떤 역할을 할 것인가', '우리 회사는 어떤 역할을 할 것인가?'와 같은 질문을 함으로써, 핵심 방향인 슬로건을 정하게 된다. 슬로건에서 가장 중요한 점은 '고객에게 제공하는 가치'다. 경영학 용어로는 이를 '가치제안Value Proposition'이라고 한다. 멋진 슬로건을 잘 살려 고객에게 긍정적인 이미지를 심어준 회사들의 사례를 한번 살펴보자.

첫 번째 사례는 미국의 대표적 저가 항공사 사우스웨스트 에어라인Southwest Airline이다. 이곳은 "언제라도 당신이 원할 때 자동차 여행 비용으로 비행기 속도 여행을 즐겨라."라는 슬로건을 내세운다. 저가 항공사는 대형 항공사가 접근하지 못하는 틈새시장을 노려 작은 지방 공항까지 닿을 수 있는 항공편을 운항하고, 작은 기체를 사용하는 대신 운항 편수를 늘려 선택지를 넓힌 것이 장점이다. 사우스웨스트 에어라인은 이런 특징을 부각한 슬로건을 만들어 공항에 도착하기만 하면 언제든 당신이 원하는 도시로 떠나는 비행편이 있다는 점을 강조했다. 즉, '언제라도 당신이 원할 때', '렌터카 여행과 같은 비용으로', '비행기 속도 여행'을 즐길 수 있다는 메시지를 전달한 것이다. 이 슬로건이 소비자들에게 강렬한 인상을 남기면서 사우스웨스트 에어라인은 저가 항공사의 대명사가 되었다.

두 번째로 사우스웨스트 에어라인처럼 소비자에게 친

근한 이미지로 다가가 성공한 와인 기업도 있다. 바로 옐로 테일 와인Yellow Tail Wine이다. 기존의 와인은 라벨에 프랑스어, 이탈리아어, 스페인어 등이 쓰여 있어 대중의 접근성이 떨어졌다. 평소 와인을 즐겨 마시는 사람이 아니라면 식당에서 주눅이 들어 주문조차 꺼리는 일도 다반사였다. 하지만 옐로 테일 와인은 "매일 즐길 수 있는 재미있고 심플한 와인"이라는 슬로건을 만들고 이에 맞는 귀여운 일러스트의 라벨을 부착해 고객에게 친절한 느낌을 선사했다.

이와 비슷한 사례로는 스파클링와인으로 유명한 샹동Chandon이라는 브랜드도 있다. 샹동은 미국의 나파 밸리Napa Valley에 위치한 와이너리로 자신들의 상징과도 같은 스파클링와인의 특징을 살린 "인생에는 거품이 필요하다Life needs bubbles."라는 슬로건을 만들어 홍보했다. 거품이 주는 부드러운 이미지를 기업에 부여함으로써 축하할 만한 일이 있거나 청량감 있게 하루를 마감하고 싶을 때 소비자들이 샹동을 연상하도록 만든 것이다. 이들 역시 고객에게 어떤 가치를 부여해야 하는지 적확하게 판단한 셈이다.

마지막으로 중동 지역 제1의 항공사인 에미레이트 항공Fly Emirates의 슬로건을 살펴보자. 에미레이트 항공은 "누군가에게 특별한 날을 만들어주자Make someone's day."라는 문구를 회사의 캐치프레이즈로 삼았다. 비행기를 타고 어딘가로 이동하는 일은 출장이든, 여행이든, 혹은 다른 어떤 이유든 누구나 일상에서 한 발짝 떨어져서 경험하는 예외적 이벤트다. 에미레이트 항공은 이에 초점을 맞춰 승무원들이 고객을 특별하게 대접하겠다는 일종의 다짐을 슬로건에 녹여냈다. 이 문구를 접하는 고객은 승무원에게 받는 서비스를 조금은 남다르게 여기고, 항공사에 대해 긍정적인 인상을 받을 수 있다.

기업뿐 아니라 유명 인물들이 남긴 슬로건도 있다. 버진 레코드Virgin Records와 버진 애틀랜틱 항공Virgin Atlantic 등을 소유한 버진 그룹 회장 리처드 브랜슨Richard Branson은 "사업 기회는 버스와 같아서, 항상 또 다른 것이 온다."라고 말했다. 끈기와 기회를 잡는 것의 중요성을 알려주는 명언이다. 토머스 에디슨은 "나는 실패한 것이 아니다. 단지 작동하지 않는 1만 가지를 발견했을 뿐이다."라고 말함으로

써 실패에서 배우고 회복하는 것을 강조했다. 잡스는 "당신의 시간은 제한되어 있으니 다른 사람의 삶을 사느라 낭비하지 마세요."라고 권했다. 그는 직관과 열정을 따르는 것을 장려했고, 이것은 애플의 혁신에 밑바탕이 되었다.

월트 디즈니는 "시작하는 방법은 말하는 것을 멈추고 행동하는 것이다."라는 말로 계획보다 행동의 중요성을 강조했다. 앨버트 아인슈타인은 "상상력은 지식보다 더 중요하다."라고 말하며 창의성을 발전과 성공의 핵심 동력으로 여겼다. 헨리 포드는 "당신이 할 수 있다고 믿든 할 수 없다고 믿든, 당신이 옳다."라는 말로 성공을 이루기 위한 자기 신념의 중요성을 강조했다.

이처럼 성공한 기업과 인물 뒤에는 늘 좋은 슬로건이 따른다. 나는 어렸을 때는 아버지의 도움으로 FIRST_{Faith, Intelligence, Relationship, Strength, Try-hard}라는 인생 최초의 슬로건을 만들었다. 학창 시절을 이 슬로건대로 보내기 위해 나름대로 노력하기도 했다. 믿음을 가지고, 스마트하려고 애썼으며, 친구들과 좋은 관계를 유지하려고 노력했다. 체력을 기르기 위해 열심히 운동하고, 모든 일에 최

선을 다해 첫 번째가 되고자 했다. 지금도 슬로건의 중요
성을 잘 알아서 페이스북에 다음과 같은 소개 글을 올
려두었다. Professor, AI, Management & Policy Scientist,
Business Model Designer & (old-fashioned) Programmer,
Bookworm, Musicphile, Philanthropist, Deliberator, Fast
Writer(교수, 인공지능·경영·정책을 연구하는 과학자, 비즈니스 모
델 디자이너, 구닥다리 컴퓨터 프로그래머, 책벌레, 음악광, 박애주
의자, 숙고하는 사람, 글을 빨리 쓰는 사람). 이것은 공개적인 슬
로건이자 내가 어떤 사람인지 혹은 어떤 사람이 되고 싶
은지 표현한 것이다.

　여러분의 슬로건은 무엇인가? 지금도 나에게는 숨겨진
슬로건이 하나 있다. 쑥스러워서 이 책에서는 밝히지 않겠
다. 기업의 슬로건은 투자자(주주), 고객, 사회에 내보내는
중요한 메시지지만, 개인의 슬로건은 누군가에게 공개하기
보다는 자신의 다짐으로 굳게 간직해도 괜찮다. 중요한 것
은 자신의 라이프 모델을 꿰뚫는 슬로건을 만들고, 그것
을 목표 삼아 실천하는 삶을 사는 것이다.

라이프 모델, 누군가의 문제를 해결하는 것

기업은 이렇게 슬로건을 개발한 다음, 참여자를 분석한다. '누구에게 무엇을 제공할 것인가'를 파악하는 이 과정을 '후 왓 테이블Who-What Table'이라고 한다.

여기에서 '누구Who'는 고객뿐만 아니라 사업 참여자 내의 공급자, 파트너 등까지 포함된다. '무엇What'은 가치와 이를 구체화한 제품, 서비스, 정보, 인프라를 비롯해 가치를 실현시키는 기술 등을 포괄하고 이를 바탕으로 Who-What Table로 정리한다. [표1]은 사업 참여자를 사업 주도자, 공급자, 협력자, 고객 등으로 나누고, 표의 각 행에 이들의 역할, 제공 가치, 인센티브, 우려 사항을 정리한 것이다. 각각의 주체가 어떤 인센티브, 잠재적 이익을 예상해 참여하는지, 우려 사항을 파악해 이를 불식시키는 방향으로 '시나리오'를 수정해나간다.[4]

[표1]은 온라인 상점을 운영하는 사업주도자가 작성한 Who-What-Table의 사례다. 온라인 상점 사업을 새로 하려면, 내 상점에 상품을 공급하는 공급자가 있어야 하고,

〔표1〕 Who-What Table의 사례				
사업참여자	역할	제공 가치	잠재적 이익	우려 사항
사업주도자	온라인에서 상품을 판매	선택 용이성, 저렴한 가격, 빠른 배송	매출과 이익	공급자와 고객 부족
공급자	상품을 공급	좋은 품질 제품	재고 감소	반품 빈번 발생
협력자	상품을 배송	빠르고 안전한 배송	인프라 활용	일정 규모 미달
고객	상품을 구매	예상품 리뷰, 바이럴	편리한 구매	판매 사기

구매가 일어났을 때 배송을 해주는 배송 사업자가 있어야 하며, 마지막으로 온라인 상점에 방문해 상품을 구매하는 고객이 있어야 하는데, 이들은 각각의 역할과 제공 가치, 이 사업에서 기대하는 잠재적 이익, 그리고 이 사업에 들어갈지 고민하게 하는 우려 사항 등을 고려하게 된다.

그 과정에서 비즈니스를 운용하는 네 가지 모델을 만든다. 그 네 가지란 가치 모델, 고객 모델, 프로세스 모델, 수익 모델이다.

첫 번째, 가치 모델이란 말 그대로 고객에게 어떤 가치를 제공할지에 초점을 맞춘 것이다. 즉, 가치는 what, 고객은

who, 프로세스는 how가 된다. 그다음으로 수익 모델이란 그것을 통해 어떻게 돈을 벌 수 있는지를 보는 것이다.

가치 모델을 만드는 방법에는 전략 캔버스, 네 가지 행동 프레임워크The Four Actions Framework, ERRC 테이블과 같은 여러 가지 방법론이 있다. 경쟁자의 비즈니스 모델과 비교를 위해 가치 곡선 또는 전략 캔버스를 그리면, 전략을 쉽게 이해하고 실행할 수 있다. 가로축에 제안하는 가치의 종류를 기재하고, 세로축에는 그 가치의 정도(높고 낮음, 많고 적음)를 표시하는데, 산업 내 경쟁자의 가치 제안 또는 대체재, 대체 산업의 가치 제안을 표시함으로써 새로운 비즈니스 모델이 제안하는 가치의 상대적 우위와 트레이드오프를 파악할 수 있다. 이를 통해 시장에서 기업의 전략적 포지션과 미래 전략을 시각화할 수 있다.

ERRC 테이블은 무엇을 제거Eliminate하고, 줄이고Reduce, 증가Raise 시키고, 새로 창조Create할 것인지 정리하는 것이다. 비용 절감은 산업 내의 경쟁 요소를 제거하거나 줄이면서 이루어지고, 고객 가치는 산업 내에서 아직 한 번도 제공되지 못한 요소를 만들어내거나 산업 표준 이상으로 제공하면서 상승 가능하다. 이렇게 하면 증가와 창조에 집중해 비용 구조를 올리고, 제품과 서비스를 과잉 설계하는 과오에서 벗어날 수 있다.

두 번째, 고객 모델은 목표 고객을 구체적으로 세분화하고 단계적으로 정의한 것으로 캐즘chasm 모델, 비고객 분석과 같은 방법들이 있다. 캐즘 모델은 고객을 기술 애호가, 선각 수용자, 전기 다수, 후기 다수, 지각 수용자 등 5단계로 나누는데, 선각 수용자와 전기 다수로 이르는 과정에 넘기 어려운 골짜기인 캐즘(소수의 혁신적인 소비자가 사용하는 시기와 대중화되는 시기 사이에 일시적으로 수요가 정체하거나 감소되는 현상)이 있다고 설명한다.[5]

이는 인생론에도 충분히 적용 가능하다. 여러분이 새로운 일을 시작할 때는 이를 적극적으로 지지하고 구매해주는 가족, 친구, 지인이 있을 것이다. 이들은 여러분을 정말 '애호'하는 고마운 사람들이다. 그러나 이 사람들만으로는 비즈니스 모델을 완성시킬 수 없다. 그러다 차츰 '애호'가 아니라 '투자' 가치 때문에 비즈니스 모델에 관심에 갖는 사람들을 발견하게 된다.

초반에 애호하는 사람과 투자하는 사람을 확보하는 것도 중요하지만, 그보다 더 중요한 것은 '실용'적인 사람들이다. 이들은 그저 당신의 비즈니스 모델이 자신에게 도움이 되고 필요하기 때문에 관심을 갖는다. 사업에서는 '투자자' 같은 고객과 실용주의 고객 사이에 넘기 어려운 캐즘, 즉 골짜기가 존재한다. 결국 비즈니스 모델이 자리 잡기 위해서는 다른 사람들에게 실용적인 무언가가 되어야 한다. 인생에서도 사랑받기만을 원하지 말고 타인에게 실용적인 사람이 되면, 애호와 투자도 저절로 따라올 것이다.

또다른 고객 모델인 비고객 분석도 인생론에 적용이 가능하다. 기존의 친구나 고객이 아니라 절대로 고객이 될 것이라고 생각하지 않았던 사람들을 고객으로 만드는 인생 설계를 해볼 필요가 있다. 예를 들어, 화분 산업의 비고객인 나는 화초는 좋아하지만 선물로 들어온 화분조차 제대로 가꾸지 못하고 죽이기 때문에 화초를 절대 사지 않는다. 그런데 만약 화초를 잘 기를 수 있는 서비스가 결합된다면, 충분히 길러볼 용의가 있다. 어떤 화초를 샀을 때 물을 줘야 하는 시기마다 문자를 보내주는 서비스가 제공

된다면 화분 산업의 비고객에서 고객으로 전환될 수 있을 것이다. 여러분의 고객이 아닌 사람들을 어떻게 고객으로 만들 수 있을지 생각해보는 것도 비즈니스 모델링에 중요한 장치다.

세 번째, 프로세스 모델을 세울 때는 밸류 체인Value Chain, 밸류 숍Value Shop, 밸류 네트워크Value Network 와 같은 개념을 알아두면 좋다.[6] 먼저 밸류 체인이란 제조업에서 자주 사용하는 용어다. 여러분이 스마트폰을 만든다고 가정해보자. 혼자서 프레임과 부품, 반도체 같은 하드웨어뿐 아니라 내장되는 프로그램인 소프트웨어까지 제작한다는 것은 불가능에 가깝다. 하지만 삼성전자나 애플 같은 회사에서는 하루에도 수백, 수천, 수만 개씩 스마트폰을 찍어낸다. 혼자서는 평생을 들여도 못하는 일을 기업에서는 마치 마법처럼 손쉽게 뚝딱뚝딱 해낸다. 이처럼 제조업에서 저렴한 가격에 빠르게 재화를 만들어내는 데 적용된 개념이 밸류 체인이다.

그다음으로 밸류 숍은 어떤 문제가 발생했을 때 이를 해결해주는 사업, 예를 들면 병원이나 학교, 로펌, 컨설팅 업체 같은 곳을 의미한다. 고객이 문제를 들고 회사를 찾아가면 밸류 숍에서는 그에 맞는 해결책을 제시해준다.

마지막으로 밸류 네트워크는 두 종류 이상의 고객을 연결하는 사업이다. 은행은 수신 고객과 여신 고객을 연결하고, 쿠팡이나 배달의 민족 같은 전자상거래 플랫폼은 판매자와 고객을 연결한다. 이런 사업 모두 밸류 네트워크에 포함된다.

여러분이 사업을 한다고 가정하면 밸류 체인과 밸류 숍, 밸류 네트워크 가운데 어떤 모델을 활용해보고 싶은가? 가치 전달을 하기 위해 저가에 집중하는 전략을 사용할지(밸류 체인), 문제 해결 노하우에 집중하고 가격 전략은 고가로 설정할지(밸류 숍), 그것도 아니라면 거래비용 감소에 집중하고 대규모의 고객을 처음부터 만족시키는 전략을 사용할지(밸류 네트워크) 고민해봐야 한다.

사업을 시작하게 되면, 자금과 관련해 투자 컨설팅 회사의 문을 두드릴 일이 생기게 마련이다. 나 역시 사업을 운용하는 과정에서 비즈니스 모델을 수립하는 데 흥미로운 경험을 한 적이 있다. 투자 컨설팅 회사는 말 그대로 성공

가능성이 있는 사업 아이템에 투자하고 그로 인한 수익을 기대하므로 아무 회사에나 자금을 내주지 않는다. 당연히 다각도에서 주도면밀하게 그 회사가 투자할 만한 가치가 있는지 따져보게 되는데, 이를 위해 투자를 유치하고자 하는 기업에 다음과 같은 질문을 던져 그 가치를 따져본다.

1. 이 회사가 어떤 곳인지 한 줄로 요약하라.
2. 제공하(려)는 서비스가 무엇인지 가치value가 포함되도록 두 줄 이내로 써라.
3. 제공하는 서비스 프로세스를 가장 간단하게 표현하라.
4. 타깃 고객은 정확히 누구이며 그들이 겪고 있는 페인포인트Painpoint, 병목현상Bottleneck, 문제Problem가 무엇인지 간단하게 언급하라.
5. 고객 입장에서 위의 문제가 얼마나 긴급한가.
6. 위의 문제를 해결하는 거의 동일한 형태Direct, 다른 형태로 문제를 해결해주는Indirect 제품이나 서비스가 있는가.
7. 문제를 해결하기 위해 제시한 솔루션은 무엇인지 세 줄 이내로 써라.
8. 솔루션이 유니크한 방법론, 기술, 기능, 가치를 제공하는 부분이 있는가.
9. 솔루션을 제공받는 고객이 다른 곳에선 제공해주지 못하는 이익Benefit을 얻는가.
10. 제품을 고객에게 도달시키는 방법은 무엇이며 비용Cost(시간·실제 비용·기회 비용 등)은 얼마나 드는가.
11. 고객은 일회성 고객인가 반복적 구매 고객인가. 반복 구매 고객이라면 얼마나 자주 구매하는가.
12. 고객을 지속적으로 유지하기 위한 전략은 무엇인가.
13. 수익화 전략은 무엇인가.

비즈니스 모델이든 라이프 모델이든, 이 질문들은 늘 마음속에 품고 있으라고 조언해주고 싶다. 내가 만들고 싶은 회사는 어떤 회사인지, 내가 만들고 싶은 인생은 무엇인지, 그리고 그 안에서 나와 고객(주변 사람)은 어떤 관계를 맺을지, 그들에게 내가 줄 수 있는 혜택은 무엇인지 등을 끊임없이 고민하다 보면 모호하던 모델이 조금씩 뚜렷해지는 경험을 하게 될 것이다.

이 중에서도 가장 중요한 질문은 바로 5번이다. 이 질문은 앞서 "비타민이 아니라 진통제를 만들어라."라는 말과도 일맥상통하는 질문으로, 누구에게나 자신의 고통에서 빨리 벗어나고 싶어하는 욕망이 있으므로 이를 해결해주는 것을 회사의 목표로 삼는다면 무엇보다 확실한 동기부여가 될 것이다.

관계에서도 마찬가지다. 라이프 모델을 만들 때 고객에 대응하는 주변 사람, 즉 가족, 친구, 연인 등이 지금 어떤 고통을 겪고 있는지, 가장 필요한 게 무엇인지 파악한다면 인생의 방향키를 올바르게 설정할 수 있다. 지금까지는 상대방의 이야기를 들을 기회가 없었더라도 괜찮다. 오늘부터 사랑하는 사람이 겪는 문제가 무엇인지 들어주고, 이를 해결하기 위해 함께 고민하는 연습을 해보자. 사업이 성공하기 위해서는 객관적이고 정확한 데이터가 필요하듯, 관계에서는 솔직하고 열린 자세로 상대방의 이야기를 경청하는 태도가 필요하다. 그래야만 질문에 대한 정확한 답을 찾을 수 있으며 행복한 라이프 모델이 완성될 수 있다.

우리가 추구해야 할 가치

2009년, 서울대학교 언론정보학과의 이준웅 교수님과 「가치 혁신의 체계화 방법으로서의 UIF Map의 제안」이라는 논문[7]을 발표한 적이 있다. 이 연구는 주목받을 만한 제품 및 서비스의 기반이 될 기술을 개발할 때, 기술 수준 향상뿐 아니라 인간이 추구하는 가치를 어떻게 충족시킬 수 있을지에 대한 삼성종합기술원의 고민에서 출발했다. 당시 삼성종합기술원은 뛰어난 연구 개발 덕분에 기술 수준은 높았지만, 이것이 고객 가치로는 연결되지 않는 경우

〔표2〕밀턴 로키치의 46개 가치 목록 일부	
궁극적 가치Terminal Values	도구적 가치Instrumental Values
편안하고 안락한 생활A comfortable life	야심적인Ambitious
쾌락적이고 재미있는 생활An exciting life	마음이 넓은Broadminded
평화로운 세계A world at peace	능력 있는Capable
평등Equality	기분 좋은Cheerful
자유Freedom	깨끗한Clean
행복Happiness	용기 있는Courageous
국가의 안전Social Security	용인하는Forgiving
즐거움Pleasure	도움이 되는Helpful
구제Salvation	정직한Honest
사회적 인정Social recognition	창조적인Imaginative
진실한 우정True friendship	독립적인Independent
가족의 안전Family security	지적인Intellectual
진실한 사랑Mature love	논리적인Logical
자존Self-respect	사랑하는Loving
성취감A sense of accomplishment	순종하는Obedient
마음의 안정Inner harmony	예의 바른Polite
⋮	책임 있는Responsible
	자제력 있는Self-controlled
	⋮

가 많아 이에 대한 해결책을 고민하고 있었다.

이 연구를 진행하기 위해 미국의 사회심리학자인 밀턴 로키치Milton Rokeach 가 1973년에 발표한 가치 목록을 참고 하게 되었다.[8] 이 가치 목록은 총 46개로 이루어져 있으며 [표2]와 같다.

〔표3〕 로퍼 리포트의 가치 목록					
성취	즐거움	창조성	헌신	친밀성	이타성

· 능력
· 지위
· 야망
· 건강
· 물질적
  안정
· 공적
  이미지
· 용기
· 인내
· 부
	· 흥분
	· 레저
	· 개인성
	· 쾌락
	· 삶의
	  즐거움
	· 즐김
	· 오늘을 삶
	· 모험
	· 좋은 모습
	· 다양한 삶
		· 열린 마음
		· 아름다움
		· 직업 성취
		· 자긍심
		· 창조력
		· 자기 의존
		· 자유
		· 호기심
		· 지식
		· 지혜
		· 학습
		· 국제화
		· 음악
			· 정신성
			· 전통
			· 의무
			· 복종
			· 조상
			· 전통적
			  성 역할
			· 신앙
			· 겸손
				· 정직
				· 진정성
				· 가족 보호
				· 개인적 유대
				· 개인적 관계
				  유지
				· 지속적 사랑
				· 로맨스
				· 우정
				· 성
					· 자연 조화
					· 환경 보호
					· 정의
					· 사회 책임
					· 도움
					· 평등
					· 사회적 관
					  용
					· 사회적 안
					  정성

[표2]에 나열된 목록은 인간으로서 추구하는 궁극적 가치, 그리고 이를 달성하기 위한 도구적 가치로 구성되어 있다. 흥미롭게도 2006년에는 여기에서 더 발전된 '로퍼 리포트Roper Report'가 발표되었고, 이 표에는 로키치의 가치 목록을 재구성하고 새롭게 추가된 내용을 덧붙인 총 57개의 가치가 나열되어 있다.[9] 이 가치 목록은 여섯 가지 카테고리로 분류되며 구체적인 키워드는 [표3]과 같다.

이를 자세히 살펴보면 1973년에 발표된 로키치 연구와의 차이점이 보인다. 30년 전에는 없었던 환경 보호, 국제화, 신앙, 물질적 안정 등이 포함된 것이다. 수십 년의 시간이 흐르는 동안 인간의 삶을 풍요롭게 하는 새로운 가치들이 등장한 셈이다.

그때로부터 다시 20년이 지났다. 이제 우리는 21세기 초와는 또다른 새로운 가치를 추구해야 한다. 앞서 비즈니스 모델, 라이프 모델에서 가장 중요한 목표는 '가치 창출'이라고 언급했다. 앞에 인용한 표를 보면서 나의 핵심 가치는 무엇인지, 그리고 주변 사람에게는 어떤 가치가 가장 중요한지 이야기해보자. 그리고 여기에서 더 나아가 '나는 어떤 가치를 창출하는 사람이 될 것인가'도 고민해보자. 목록에 없는 새롭고 창의적인 개념도 괜찮다. 지난 20년간 세상은 급격하게 바뀌었고, 앞으로의 20년 동안 또 어떤 변화가 생겨날지 아무도 모른다. 다만 그 가치는 나와 가족, 이웃의 삶을 이롭게 하는 내용이어야 할 것이다. 이런 가치 리스트는 심리학자와 사회학자뿐 아니라 여러분도 얼마든지 만들어낼 수 있다.

4장

관찰-가설-검증, 완성의 3단계

사업가는 모두 과학자가 되어야 한다

조금 생소하게 들릴지 모르겠지만, 우리의 삶은 과학 실험 과정의 한 부분이다. 비즈니스 모델뿐 아니라 라이프 모델을 만들어낼 때도 관찰과 가설, 검증의 3단계를 거쳐야 하기 때문이다.

많은 사람이 사주나 점, 타로, 별자리, 궁합과 같은 역술에 자신의 삶과 운명을 맡긴다. 하지만 이런 것은 과학적으로 검증되지 않은 미신에 불과하다. 예측할 수 없는 미래에 대한 불안 때문에 지푸라기라도 잡는 심정으로 미신에 의존하는 마음은 이해하지만, 그렇다고 그런 것이 삶을 행복으로 이끄는 정답이 될 수는 없다. 과학적으로 검증된 체계적인 모델, 여기에 초점을 맞춰야 비로소 삶의 바른 궤도가 보인다.

경영에 관심이 있는 사람이라면 린 스타트업Lean Startup 이라는 말을 들어본 적이 있을 것이다. 린 스타트업은 비즈니스 모델 가설의 수립과 검증 과정을 짧게 설정해 성공 확률을 높이는 방법론이다. 이로써 불필요한 과정은 생략하고 가장 효율적인 방식으로 내가 세운 가설 모델을 단시간에 검증할 수 있다. 검증의 주기를 길게 하면 시간과 재화가 낭비되고, 결국 기회마저 잃어버린다. 최소요건제품MVP, Minimum Viable Product 으로 반복해서 테스트하면서, 파괴적 혁신을 끊임없이 시도해야 한다. MVP는 최소 노력과 기간으로 만들기-측정-학습 피드백을 순환하게 하는 제품 버전으로, 되도록 단순하게 만들어야 한다.

MVP를 만들었다면 이제는 기존 가설을 고수할지, 방향을 전환할지 결정해야 한다. 가설 중 하나가 잘못되었

음을 발견했다면 새 가설로 전환하면서 다시 한번 되도록
빨리 실증 테스트를 해야 한다.

비즈니스 모델이란 하나의 가설이다. 사업을 시작하기
전 많은 사람이 '어떤 기술(서비스)을 개발하면 사람들이
좋아하겠지? 그걸로 내가 큰돈을 벌 수 있겠다'라고 생각
한다. 이 단계에서 비즈니스 모델은 아직 검증되지 않은
상상에 불과하다. 따라서 사업가는 스스로 과학자가 되어
이 가설이 사실임을 증명하는 과정을 거쳐야 비로소 사업
에 성공할 수 있다. 고객과 사회와 가족이 진짜 원하는 게
무엇인지 계속 유추하는 과정이 바로 비즈니스 모델이자
라이프 모델이기 때문이다.

사업 초기에는 가정을 많이 하면 할수록 검증하는 과정
이 점점 복잡해질 수밖에 없다. 사업은 수많은 가정을 바
탕으로 복잡한 계획을 만들고 실천해가는 것이 아니다. 마
치 운전자와 운전대가 상호작용하듯 린 스타트업의 방식
대로 만들기-측정-학습이라는 피드백 순환을 통해 끊임
없이 조정해가는 것이 필요하다. 비즈니스 모델의 지속 가
능성을 확보하기 위해서 파괴적 혁신을 끊임없이 실행하

다 보면 이를 통해 장기적 성장이 가능하다. 비전을 목표로 세우고 전략 중 어떤 부분이 제대로 작동하고, 작동하지 않는지 학습하는 과정을 반복하는 것이다.

현대사회에는 상상 가능한 대부분의 기술이 현실화되었다. 우리 생활에 필요한 재화나 서비스는 거의 다 출시되어 있다고 해도 과언이 아니다. 따라서 이제 사업은 '좋은 아이디어니까 일단 해보자.'가 되어서는 안 된다. '이 제품이 과연 만들 가치가 있는가', '이 제품을 기반으로 지속 가능한 서비스를 만들 수 있는가?'라는 대전제가 반드시 밑바탕에 깔려 있어야 한다.

비즈니스 모델에서 가장 위험한 행동은 고객이나 상대가 원치 않는 일을 하는 것이다. 지난 십여 년간 수많은 스타트업이 생겨났지만, 고객을 제대로 이해하지 못하고 자의적인 판단으로 제품을 만든 기업들은 결국 실패했다. 실제 고객 행동을 관찰하고 소통하면서 고객의 요구를 받아들여 모델을 발전시킨 스타트업만이 살아남았다. 아이디어의 시작 단계부터 전략을 테스트하고, 제품의 어느 부분이 훌륭하고 어느 부분이 이치에 맞지 않는지 고객의 검증을 받는 과정은 실패 확률을 크게 줄여준다.

사주, 사업운, 동료운, 다른 사람과의 궁합 같은 걸 궁금해할 시간에 여러분이 세우고 있는 비즈니스 모델, 라이프 모델의 가설을 세우길 권한다. 그리고 그 가설에 대해 과학자의 심정으로 검증해나가는 것만이 인생에서 성공하는 지름길이라는 것을 강하게 이야기하고 싶다.

비즈니스 모델은 일종의 제도이다

몇 년 전, 우리나라에서 제작한 넷플릭스 드라마 〈오징어 게임〉이 전 세계적으로 크게 흥행했다. 승자독식Winner takes all이라는 게임의 고전적 규칙을 한국의 놀이 문화와 자본주의, 흥미로운 음모론과 결합해 드라마의 재미 요소로 빚어낸 이 드라마는 한동안 신드롬을 일으킬 만큼 큰 인기를 끌었다. 〈오징어 게임〉에서는 마지막으로 살아남는 한 사람이 456억을 가져간다는 게임의 나쁜 규칙 때문에 부부, 선후배, 혹은 타인과 끊임없이 경쟁하고 그들을 죽이기도 하면서 전쟁터와 같은 상황을 연출한다. 이렇게 게임의 나쁜 규칙은 불행한 사회를 만들기 마련이다.

비즈니스 모델도 일종의 게임의 법칙Rule of Game과 같다. 이를 사회과학적으로 제도라고 칭한다. 좋은 제도가 행복한 사회를 만드는 것처럼 비즈니스 모델은 기본적으로 고객과 내 주변 사람을 행복하게 하는 목적으로 쓰여야 한다. 〈오징어 게임〉에서도 더 나은 게임의 규칙이 제안되었다면 모든 사람이 불행해지는 결말은 도출되지 않았을 것이다.

앞서 이야기한 『블루오션 전략』에서도 새로운 시장을 만들어내는 블루오션은 새로운 제도, 즉 새로운 비즈니스 모델을 만들어가는 과정에서 창출된다고 이야기한다. 거래비용을 줄이면서 재산권의 보호와 활용을 촉진해야 하며, 자신만의 가치를 창출하고 획득하는 동시에 세상에 좋은 게임의 법칙을 제시한다는 생각으로 접근해야 한다.

물론 선한 마음으로 비즈니스 모델을 만들어도 실패할 수 있다. 다만 여기에서 말하는 '선하다'라는 가치는 단순히 도덕적인 면을 강조한 추상적인 의미는 아니다. 선한 동기보다 선한 결과에 초점을 맞추는 것이 더 중요하다는 뜻이다. 나름대로 고심해서 부동산 정책을 만들었는데, 막상 정책을 시행하자 오히려 부동산 시장에 투기 광풍이 부는 경우도 있다. 따라서 비즈니스 모델을 만들 때는 철저하고 주도 면밀하게 분석해 어떤 결과가 따라올지 수학적·과학적으로 따져보는 과학자의 심정이 필요하다.

국가를 발전시키고 부강하게 하는 원리는 간단하다. 정치인들은 때때로 이를 무시하지만 학문적으로는 이미 증명되어 있다. 미국의 경제학자인 더글러스 노스Douglass C. North는 어떤 국가는 왜 부강해지고, 어떤 국가는 왜 가난해지는가를 연구했다. 그 결과 개인의 재산권을 잘 보호하고, 이를 잘 활용하도록 보장하는 제도를 가진 나라가 부강하다는 것을 발견하고 이를 실증적으로 밝혀냈다. 그는 이 연구로 노벨경제학상을 수상했다.[10]

일례로 한반도가 밤일 때 위성에서 찍은 사진을 보면 남쪽은 불빛이 휘황찬란한 데 반해 북쪽은 컴컴해 마치 남한이 섬처럼 보인다. 또한 미국의 샌디에이고는 기후가 온화하고 해변에 인접한 휴양지인데 반해 이곳과 맞닿은

멕시코의 티후아나는 마약 카르텔의 근거지로 치안이 불안하기로 유명하다. 지리적 조건, 환경, 기후가 비슷한 접경 지역에서 이러한 차이가 발생하는 근본적인 이유는 무엇일까?

결론은 양쪽의 제도가 다르다는 것이다. 대한민국은 재산권을 보호하고 활용하는 데 있어서 거래비용을 줄이는 제도가 북한보다 훨씬 잘 갖춰져 있기 때문에 경제적으로 점점 발전했다. 거래비용을 줄인다는 개념을 이해하기 위해 우버라는 비즈니스 모델을 살펴보자. 우버는 택시기사 자격증을 취득하지 않아도 내 차를 영업용으로 사용할 수 있는 공유경제 개념의 운송 서비스다. 평소에 잘 사용하지 않는 개인 차량을 운송 서비스가 필요한 승객에게 제공하고, 승객은 그에 대한 대가를 지불한다. 우버라는 플랫폼의 관리하에 서비스를 제공하기 때문에 승객은 안심하고 서비스를 이용할 수 있고, 기사는 용역에 대한 정당한 대가를 요구할 수 있다는 장점도 있다. 이처럼 우버는 거래비용을 줄이는 방식으로 서로가 윈윈Win-win하는 새로운 가치를 만들어낸 것이다.

소셜미디어도 마찬가지다. 과거의 미디어는 '출판 후 여과Filtering After Publishing'가 아니라 '여과 후 출판Publishing After Filtering' 과정을 거쳤다. 즉, 내부적으로 쌓은 정보와 경험, 자료를 바탕으로 이에 부합하는 컨텐트를 먼저 걸러내고 제작한 다음 소비자의 평가를 기다렸다. 방송, 종이 신문, 출판 모두 마찬가지였다. 하지만 인터넷과 소셜미디어가 보편화되면서 이 과정이 출판 후 여과로 바뀌었다. 일단 컨텐트를 업로드한 다음, 어떤 반응이 따라오는지에 따라 수정하거나 삭제하거나 비슷한 방식의 컨텐트를 만드는 등 사후 대처를 하는 것이다.

물론 어떤 혁신적인 시도가 기존의 재산권을 약화시키는 현상이 발생할 수도 있다. 예를 들어, 세계 최초의 음악 공유 채널인 냅스터는 P2P 형식으로 혁신적인 서비스를 제공 했지만, 결국 저작권 침해라는 결과를 가져왔다. 하지만 이러한 방식도 시간이 흐르면서 재산권의 활용을 촉진하는 방향으로 발전하게 되었다. 결국 사회 전반적으로 재산권을 보호하면서 거래비용을 줄이는 제도가 사회에서 살아남을 가능성이 크다.

질서를 창조하되 자율적 경쟁 시스템을 구축하라

그렇다면 여러 경제학 연구를 바탕으로 앞서 이야기한 제도가 무엇인지 다시 한번 정확히 짚고 넘어가보자. 제도란 '인간 행위의 범위와 형식을 제약하는 하나의 규칙'으로, '인간의 정치·사회·경제적 상호작용을 제한하는, 인간에 의해 고안된 게임의 규칙'이다.

여기에서 인간의 사회적 상호작용이란, 제도를 생성하고 변화시키는 작용과 제도 내에서 상호작용하는 활동으로 대별된다. 즉, 게임의 룰을 변경시키는 활동과 게임의 룰 아래에서 활동하는 것 그 자체를 의미한다.[11] "사람은 죽는다."처럼 자연적인 현상은 제도가 아니다. 반면 사형은 인간이 인위적으로 다른 사람을 처벌하는 제도로써 만들어낸 제도다. 인간에 의해서 고안된 게임의 규칙인 셈이다. 이 법적인 제도는 타인의 생명을 보호한다. 살인과 같은 치명적인 범죄를 저질렀을 때 내 존재가 사회적 규칙에 따라 위협받을 수도 있기 때문이다. 이처럼 인간 행위의 범위와 형식을 제약하는, 인간으로부터 고안된 게임의 규칙을 제도라고 한다.

제도란 질서를 창조하고 불확실성을 제거하는 것이다. 인간에게 만약 제도가 없었다면 그저 살육과 싸움만이 존재하는 동물의 세계, 정글과도 같은 곳이었을지 모른다. 하지만 사형 제도를 비롯해 가족 관계를 규정하는 결혼 제도, 그 외에 여러 가지 사회·경제적 제도를 만듦으로써 인간은 경제적 성과를 달성하게 되었다.

한편 경제적 재화의 생산에 필요한 생산비용은 전환비용과 거래비용으로 구성되는데, 전환비용이란 물리적으로 재화를 생산하는 데 들어가는 비용이고, 거래비용이란 생산된 재화에 관해 재산권을 정의하고 실행하는 비용을 의미한다. 제도는 이와 같은 거래비용을 감축하기 위한 하나의 메커니즘이면서 신뢰할 수 있는 약속을 제공함으로써 경제 체제의 인센티브 구조를 형성했다.

거래비용이 높은 사회는 재산권 설정이 미흡하므로 제도는 사회적 효율성을 높이는 데 필수적이다. 거래비용이 높은 사회에서는 사람들이 자유롭게 거래하지 못하게 되어 경제는 정체된다. 나의 사유재산이 누군가에 의해 함부로 뺏기지 않을 것이라는 안심할 수 있는 장치가 있을 때야말로 사람들은 자신이 가진 것을 내놓고 흔쾌히 거래하려고 할 것이다.

여기에서 말하는 사유재산에는 경제적 재산뿐 아니라 인권, 심신과 두뇌의 건강 등도 포함된다. 재산권이 잘 보호되지 않는 국가는 인권 역시 잘 보호되지 않는데, 최악의 인권 국가 북한이 대표적인 사례다. 결국 재산권은 인권, 건강권과 연결되고, 이는 인적 자본 관점으로도 접근 가능하다. 재산권을 잘 보호하는 국가는 국민의 건강과 지능, 행복, 교육 수준 역시 잘 보호할 수 있어 강한 인적 자본을 갖는다. 이를 바탕으로 디지털·AI를 최대한 활용해 국민을 교육 및 재교육하는 나라가 부강해진다는 것은 상식이 되었다.

노스는 재산권의 활용을 비롯해 그 과정에서 수반되는 거래비용을 최소화하는 국가가 부강해진다는 것을 증명했다. 거래비용을 줄이려면 시장경제를 활성화해 각 주체가 경쟁하면서 해결책을 찾고 지식을 발견하는 적응적 효율성Adaptive Efficiency을 달성해야 한다. 권력 기관이나 소수의 엘리트가 의사결정을 독점해 신속 집행하는 것이 언뜻 효율적으로 보일 수도 있지만, 이는 그 외의 경제 주체들을 무기력하게 만들어 사회가 정체되고 장기적으로 경제가 나빠지는 결과를 가져온다. 과거 한국의 군사독재 정부 체제는 언뜻 효율적으로 보이기도 했으나 국제그룹 강제 해체나 군부에 의한 방송 통폐합 등 권력에 의한 재산권 침해는 결코 바람직하지 않았다. 이에 대항해 벌어진 민주화 운동의 결과, 사회 주체의 시장 경제 활동을 보장해 거래비용을 줄이고 재산권은 보호받게 되었으며 이는 한국을 더욱 부강하게 하는 데 크게 기여했다.

부강한 국가는 공유재산권 역시 잘 보호하고 활용한다. 군대는 외적으로부터 국가의 공유 재산권인 국토를 보호하는 수단이며, 공기와 물 등 자연 환경의 보호는 국가 공유 재산권의 품질을 보호하는 활동이다. 동시에 이를 활용하는 제도를 어떻게 갖추어나갈 것인가가 강한 국가를 이룩하는 중요한 정책이다. 항만, 도로, 통신 등 전통적 사회 기반시설을 계속 고도화하고, 이를 특정 주체가 독점하지 않고 효율적으로 사용하기 위해서는 디지털·AI를 활용하는 동시에 구성원이 보유하는 AI 역시 재산권의 보호 측면에서 접근해야 한다. AI를 계속해서 발전시키고 손쉽게 활용하는 체계를 구축하는 한편, 민간이 자신의 데이터를 보호하는 동시에 더욱 잘 활용할 수 있도록 정부가 제도와 인프라를 충분히 구축해야 한다.

성장하는 삶의 조건, 지적 자본

노스의 이론에 벽돌을 하나 더 올려놓은 저작으로 MIT 교수인 대런 아제모글루Daron Acemoglu와 시카고대 해리스 공공정책대학원 정치학과 교수 제임스 로빈슨James Robinson이 공저한 『국가는 왜 실패하는가』라는 책이 있다. 이들은 국가의 성패가 제도에 달려 있다고 보고, 국가의 빈곤과 부를 역사와 사회적 관점에서 분석했는데, 이 공로를 인정받아 사이먼 존슨Simon Johnson과 함께 2024년 노벨경제학상 수상자로 결정되었다.

이들은 재산권 보호와 활용, 거래비용의 최소화에 이어

참여와 포용의 확대를 부국의 추가적인 조건으로 제시했다. 나라를 운영하는 데 최대한 많은 사람이 참여하는 경제·사회·문화 체제가 부국을 만든다는 것이다. 노예가 해방된 국가, 계급이 나뉘지 않은 국가, 국민이 적극 참여하는 국가가 부강하다고 주장하며 포용 사회가 되어야 한다고 역설한 것이다.

불과 100여 년 전까지만 해도 대부분의 나라에서는 여성의 참정권을 보장하지 않았다. 간혹 드물게 일부 여성에게 투표권을 주기도 했지만, 피선거권까지 인정하는 국가는 거의 없었고 여성뿐 아니라 유색인종, 장애인, 노예 계급 등에게까지 참정권을 평등하게 부여하는 데는 역사적으로 아주 오랜 시간이 걸렸다. 링컨이 노예 해방을 주장하고 이를 제도화한 것도 이러한 이유 때문이다. 한국도 1946년부터 여성에게 참정권을 부여했다.

최근 우리나라에 외국인 노동자에 대한 다양한 시각이 존재하는데, 이 역시 다른 관점으로 봐야 할 때다. 한국인의 노동력만으로는 경제 성장에 한계가 있으므로, 과거 여성의 참정권을 확대했듯 이제는 노동 시장을 개방해야 장기적인 관점에서 국가가 성장할 수 있다. 이는 다시 노스의 재산권 이론으로 연결된다. 더 많은 국민의 참여와 포용이 보장된 국가는 폭넓은 인적 자본을 확보하게 되고, 이를 활용해 더욱 부강해질 수밖에 없다.

지금까지 이야기한 재산권은 단지 가시적으로 눈에 보이는 경제적 가치만을 의미하지는 않는다. 국민 개개인이 가지고 있는 능력을 최대치로 끌어올릴 수 있도록 계발해주고, 이를 적재적소에 활용할 수 있도록 도와주는 것 역시 국가의 몫이다. 운동을 잘하는 사람에게는 운동에만 집중할 수 있는 환경을 만들어주고 올림픽과 같은 국제 경기에 출전할 수 있도록 적극적으로 지원하는 것도 바로 이런 이유에서다. 음악이나 미술에 재능이 있는 사람은 국가 차원에서 장학금을 수여해 세계적인 아티스트가 될 수 있도록 돕는 것도 마찬가지다.

국민의 지적 자본을 효율적으로 잘 개발하는 나라일수록 점점 부강해질 것이다. 지적 자본에는 인적 자본, 사회적 자본, 구조적 자본, 문화 자본, 상징 자본, 그리고 매력 자본 등이 있다. 이러한 지적 자본을 효과적으로 개발하고 확충하는 나라는 미래의 잠재적 성장 가능성을 보유하고 있는 셈이다.

그렇다면 한국은 어떨까? 이러한 지적 자본을 충분히 보유하고 있을까? 20년 전만 해도 외국에 나갔을 때 한국인이라고 이야기하면 대부분의 사람이 이름을 들어본 적도 없다고 반응했다. 심지어 한국을 북한으로 오해하는 사람도 많았다. 수십 년 사이 상황은 크게 달라졌다. K-팝, K-푸드, K-뷰티와 같은 소위 K컬처가 전 세계를 휩쓸면서 한국에 관심을 갖는 사람이 많아졌을 뿐 아니라 한국의 문화를 기꺼이 즐기는 '한국 팬'도 크게 늘었다. 한국이 국가로서 매력 자본, 문화 자본, 상징 자본이 생겼다는 의미다.

앞으로 한국인은 프랑스인 못지않은 예술 음미 능력, 이탈리아인 못지않은 유머 감각, 영국인 못지않은 미소, 브라질인 못지않은 춤 실력을 갖출 수 있어야 한다. 국제적 연대와 공감 능력, 용기와 긍정, 책임과 배려 같은 문화·상징·매력 자본도 갖추어야 한다. 한국인이 세계 최고의 매력적인 국민이 되는 데에는 디지털·AI에 기반한 미디어

기술이 큰 기여를 할 수 있을 것이다. 한국의 웹툰은 새로운 한류가 되고 있고, 메가히트를 친 동요 〈아기상어〉는 이미 전 세계 알파세대(2010년대 이후 출생자)를 사로잡고 있다는 소식이 들려온다. 미국이 TV와 영화 시대에 미국의 문화를 세계에 심었다면, 디지털·AI 시대에는 한국이 그 기회를 잘 활용하게 될 것이다.

그러나 이와 같은 국가와 사회 발전에는 혁신이 수반되어야 한다. 반대자가 있어서 캐즘에 빠져 허우적댈 수도 있다. 이익을 추종하는 선도자의 위험 감수를 실용적 다수가 동조함에 따라 혁신은 성공의 길로 들어서게 되고, 이로써 변화를 거부하던 반대자들도 결국 수긍하게 되는 것이 경영 혁신 및 확산 이론의 요체다. 기존의 습관과 기득권을 버리고 새로운 창조를 위해 성공적으로 혁신하기 위해서는 이해관계자(사용자, 시민)가 가치를 느낄 수 있도록 하고, 손쉬운 참여와 사용을 유도하며, 이를 위한 규범과 문화적 분위기를 조성하는 것이 필요하다.

이제 이번 장의 이야기를 마무리하며 이러한 지적 자본을 개인에게로 가져와보자. 지적 자본은 국가의 발전에만 필요한 것이 아니다. 개인으로서도 성장하고 발전하기 위해서는 물적 자본에 더해 경제적 자본인 돈, 그리고 지적 자본까지 3요소를 고루 갖춰야 한다.

개인의 지적 자본은 크게 인적 자본, 사회적 자본, 구조적 자본으로 나눌 수 있는데, 먼저 인적 자본에는 자신의 내재적 요소, 즉 두뇌, 건강, 체력 등이 포함된다. 다음으로 사회적 자본은 다른 말로 관계적 자본, 신뢰 자본이라고 할 수 있으며, 스스로에 대한 신뢰 관계의 양과 질, 그리고 외부적 관계의 양과 질로 정의해볼 수 있다. 또한 구조적 자본은 다른 말로 프로세스 자본이라고 하는데, 일하는 방식, 도구 활용 방식, 프로세스의 효율성처럼 어떻게 좀 더 효율적으로 일할 것인가에 따라 달라질 수 있다.

이 외에도 매력 자본, 문화 자본, 상징 자본과 같은 것이 더해진다면 그 사람의 지적 자본은 다른 사람과 차별화된 성공 요인이 될 것이다. 이를 바탕으로 다른 사람의 재능을 소싱하고, 벤치마킹하는 것도 충분히 가능하다. 그것을 자신만의 것으로 소화하고 재구성할 수 있다면 이것 역시 개인의 지적 자본으로 봐야 한다. 더 나은 삶의 방식, 나만의 라이프 모델을 만들기 위해 나의 재산권과 지적 자본을 어떤 방식으로 확충할 것인가, 그리고 어떻게 다른 사람들이 자신의 재산권과 자본을 잘 활용하도록 도울 것인가, 또한 나의 자본을 사람들과 거래하는 과정에서의 어떻게 비용을 줄일 것인가를 끊임없이 고민하다 보면 언젠가 지금보다 더 행복해지는 해답을 발견하게 될 것이다.

이 모든 지적 자본을 활용하는 것은 단순히 개인적인 성공을 넘어서 사회적인 선을 실현하는 데에도 크게 기여한다. 개인이 자신의 자본으로 다른 사람들에게 긍정적인 영향을 미치고, 그들이 자신의 자본을 활용하도록 돕는 것은 공동체 전체의 발전으로 이어져 모든 구성원이 더 나은 삶을 영위하는 사회를 만들어줄 것이다.

나를
경영하자

Life With Intelligence

AI가 발전하는 시대에 인류는 새로운 욕망을 가지면서 그 욕망에서 파생된 새로운 일자리를 만들고, 그것은 다시 인류를 발전으로 나아가게 하는 새로운 비즈니스 모델을 구축하게 될 것이다.

1장
지식의 힘으로 미래를 디자인하다

왜 지적 자본을 알아야 할까?

회사 경영이든, 인생 경영이든 경영에는 자본이 필요하다. 자본이라는 토대가 없는 상황에서는 좋은 비즈니스 모델이 있어도 실행조차 할 수 없다. 흔히 자본이라고 하면 물적 자본(땅)이나 경제적 자본(돈)만 생각하지만, 그보다 더 중요한 것은 지적 자본이다.

지적 자본은 물적 자본과 경제적 자본 이상으로 모델을 성공시키기 위한 핵심 요소라 해도 과언이 아니다. 특히 인생을 길게 놓고 봤을 때, 물적 자본과 경제적 자본은 여유롭게 사는 데는 도움을 줄지 모르지만 내적인 행복을 위해서는 지적 자본이 더해져야 한다. 지난 수십 년간 수많은 경제학자가 지적 자본에 관심을 갖고 연구를 진행한 것도 이런 이유에서다.

앞서 잠깐 이야기한 것처럼 지적 자본Intellectual Capital은 크게 인적 자본, 사회적 자본, 구조적 자본 이렇게 세 가지로 나뉜다. 여기에 추가로 문화 자본, 상징 자본, 매력 자본까지 더해지면 지적 자본에 대해서는 어느 정도 파악할 수 있다.

지적 자본은 어느 집단이나 조직뿐 아니라 개인의 삶에서도 필요하다. 지금부터는 국가, 기업, 개인의 관점에서 어

〔표4〕 지적 자본의 종류

지적 자본	인적 자본	두뇌, 건강, 체력 등
	사회적 자본 (관계 자본, 신뢰 자본, 평판 자본)	내적 신뢰, 대외적 신뢰, 외교 관계 등
	구조적 자본 (프로세스 자본)	일하는 방식, 기술 시스템, 생태계 등
	문화 자본, 상징 자본, 매력 자본 등	

떤 종류의 지적 자본을 확충해야 하고, 어떻게 사용해야 하는지, 그리고 이를 통해 어떤 성취를 이룰 수 있는지 알아보려고 한다.

지적 자본의 3요소

지적 자본의 첫 번째 요소인 인적 자본human capital 측면에서 국가에는 무엇이 필요할까? 국민의 두뇌, 국민의 건강, 국민의 체력 등이다. 공통적으로 들어가는 단어인 '국민'에서 알 수 있듯이 국가를 구성하는 사람들은 국가의 핵심 자원이다. 지속 가능한 국가 경제 발전을 위해 국민은 필수 불가결한 요소이므로 국가는 인구를 알맞게 조절하기 위해 출생 장려, 혹은 산아 제한 정책을 펼치기도 한다. 반면 국민에게 국가란 귀화 혹은 망명과 같은 예외적인 경우를 제외하면 태어날 때 자신의 의사와는 상관없이 결정되는 비선택적 요소이다.

기업에서의 인적 자본 역시 마찬가지로 조직을 구성하

는 직원의 두뇌, 직원의 건강, 직원의 체력이 핵심이다. 기업의 경우 국가와는 달리 구성원이 조직을 선택해 일원이 되고, 법적 계약을 통해 고용 관계를 맺으면 직원은 조직의 이익을 위해 자신의 인적 자본을 제공하고 회사는 그에 대한 대가를 지불한다.

지적 자본의 두 번째 요소는 사회적 자본이다. 사회적 자본Social Capital은 다른 말로 관계 자본Relation Capital, 신뢰 자본Trust Capital, 평판 자본Reputation Capital 등으로 표현한다.

국가 차원에서 사회적 자본은 국민들 간의 내적 신뢰 관계가 가장 중요한 요소다. 그리고 대외적인 차원에서는 국가와 외국과의 관계인 외교, 그리고 국민과 외국인과의 관계 등이 포함된다. 더 넓게는 국민들의 국가에 대한 평가, 외국인의 해당 국가에 대한 이미지, 외교 관계를 맺고 있는 타국의 국제 신뢰도 등이 모두 사회적 자본이다.

기업에서도 마찬가지다. 기업에 소속된 구성원들, 즉 직원들의 내적 신뢰 관계, 직원들과 협력 업체 또는 고객, 그외 다방면으로 연결된 모든 관계가 이에 포함된다. 국가에서와 마찬가지로 대내외적인 평판과 신뢰 역시 기업의 사회적 자본이다.

신뢰가 자본이 되는 이유는 무엇일까? 여러분이 어느 날 이사를 하기로 했다고 가정해보자. 원룸 이사라 짐이 많지 않아 차가 있는 친구와 다른 몇 명에게 부탁해 짐을 옮겼다. 이럴 때 보통은 돈을 주기보다는 식사를 대접하거나 간단한 보답을 하는 것으로 감사를 표시하기 마련이다. 이사를 마치고 친구에게 돈 봉투를 건네면 극구 사양하거나 심지어 받지 않겠다며 화를 내는 경우도 있을 것이다. 친구가 나를 아무 대가 없이 도와준 것은 신뢰라는 관계가 밑바탕에 깔려 있기 때문에 가능하다.

이번에는 관계를 조금 바꿔보자. 이삿날에 도와달라고 말할 친구가 마땅히 없고, 여기저기 부탁하는 것도 마음이 불편하다면 이삿짐 업체를 불러야 한다. 이때는 당연히 업체와 계약을 맺고 노동에 대한 금전적인 대가를 지불하게 된다.

만약 여러분이 살면서 많은 사람과 신뢰 관계를 맺고 있다면 필요할 때 대가 없이 도와주는 사람들 덕분에 유·무형적 가치를 창출할 수 있다. 신뢰가 낮아 돈이라는 계약

조건에 얽힌 관계가 많아진다면 일을 복잡하게, 즉 경제학적으로 거래비용을 많이 소요하면서 진행할 수밖에 없다. 국가도 마찬가지다. 구성원 간의 신뢰가 단단하다면 자발적 협동이 발생하므로 국가 운영에서 불필요한 지출 비용이 줄어든다. 구성원들은 누가 시키지 않아도 사회적 약자를 돕고, 질서를 잘 지키고, 공동체에서 자신의 역할을 찾아 봉사함으로써 조직의 효율성을 높인다. 이러한 가치 창출은 모두 자본적 요소가 된다.

좀 더 이론적으로 들어가면 신뢰 기반 네트워크는 돈과 같은 가격으로만 결정되는 시장도 아니고, 권위나 명령과 같은 조직의 위계 관계로만 비롯되는 것도 아닌 그 중간이다.[1] 운송 수단이 필요할 때, 항상 친구에게 연락해 태워달라고 할 수는 없으므로 보통은 가격으로만 결정되는 택시라는 시장의 소비자가 된다. 그런데 하루에 많은 일정을 차로 이동해야 하는 경우, 택시는 비경제적인 수단이므로 그럴 때는 아예 차를 소유하거나 빌리게 되는데, 이는 시장의 정반대인 조직/위계를 만드는 것이다.

쉽게 비유하자면, 이는 남녀 관계와도 유사하다. 결혼이 조직/위계라면, 하룻밤의 만남은 시장이다. 동거는 조직/위계도, 시장도 아닌 그 중간인 신뢰 기반 네트워크다. 서로의 신뢰를 기반으로 다소 임시적 관계를 유지하는 셈이기 때문이다. 시장, 조직/위계, 신뢰 기반 네트워크 중에서 어떤 것이 좋고 나쁜지 가치 판단을 할 수는 없다. 각 개인과 기업 등은 상황에 따른 다양한 방법을 찾아 자원을 조달하고 문제를 해결한다. 사회적 자본은 그 과정에서 신뢰 기반의 네트워크로 문제를 해결하는 기초적인 능력이다.

마지막으로 구조적 자본Structural Capital이 있다. 이것은 다른 말로 프로세스 자본Process Capital이라고 하는데, 이와 관련해서는 약 25~30년 전부터 연구가 계속되어왔다. 구조적 자본은 일하는 방식, 도구를 활용하는 방식 등을 의미한다. 한국이 지난 수십 년간 계속 발전하고 있는 것은 구조적 자본을 다른 나라보다 획기적으로 확충해왔기 때문이다. 도로, 통신 등 사회간접자본에 대한 끊임없는 투자, 정보화 시대를 일궈낸 1등 전자정부 국가, 삼성전자 등 디지털 시대를 선도하는 세계 10대 기업의 탄생, 구글과 아마존에 내주지 않은 국산 인터넷 산업 생태계 등은 한국의 우수한 구조적 자본이다.

이번 장에서는 이와 같은 지적 자본을 개인의 차원으로 바꿔서 생각해볼 것이다. 라이프 모델의 구축에서도 인적 자본, 사회적 자본, 구조적 자본을 쌓는 일은 비용을 줄이고 더 큰 유·무형적 가치를 창출하기 위한 밑바탕이 되기 때문이다.

인적 자본의 강화는 교육과 건강 관리를 통해 꾸준히 이루어져야 한다. 평생 교육을 통한 지식과 기술의 습득, 정기적인 건강 검진과 운동은 개인의 인적 자본을 높이는 기본이다.

사회적 자본의 축적은 튼튼한 인간관계 네트워크를 형성하는 것을 의미한다. 신뢰를 바탕으로 협력적 관계를 구축하고, 이를 통해 정보와 자원의 흐름을 원활하게 해 성공의 가능성을 높인다. 다양한 전문 분야 사람들과의 네트워킹은 새로운 기회를 창출한다. 가장 중요한 것은 평소 자연스러운 호혜적 인간관계를 형성하고, 신뢰를 쌓는 것이다. 동료, 친구, 가족에게 좋은 인상을 주지 못하는 사람은 사회적 자본이 튼튼할 수 없다. 물론 자신은 잘하고 있는 것 같은데, 질투를 받는 경우도 있을 것이다. 그럴 때는 답이 없다. 당신을 질투하지 않는 더 행복한 사람들과 어울리고, 그들과의 사회적 자본을 축적하라.

구조적 자본은 자신의 환경을 최적화해 역량을 최대한 발휘할 수 있도록 시스템과 프로세스를 구조화하는 것이다. 예를 들어, 효과적인 시간 관리 기술과 여러 가용 기술을 활용하는 능력은 생산성을 높이는 데 크게 기여한다.

취향, 외모, 이미지도 자본이다

여기에서 더 들어간 지적 자본이 바로 상징 자본Symbolic Capital과 문화 자본Culture Capital이다. 이 표현은 프랑스의 사회학자 피에르 부르디외Pierre Bourdieu가 「자본의 형태」라는 논문에서 인간 사회에 존재하는 자본의 형태를 분석하며 처음 언급했다. 상징 자본이란 사회적 인정과 이미지, 명예, 권위, 위신 등을 포함하는 추상적이고 비물질적인 형태의 자본으로 정의된다. 또한 문화 자본이란 개인이 사회적 지위를 얻고 유지하는 데 도움을 주는 문화적 지식과 자산이다. 문화 자본은 교육, 말투, 취향, 옷차림 등과 같은 개인의 사회적 자산을 포함한다.

쉬운 예를 하나 들어보자. 소셜미디어가 대중화되면서 셀러브리티Celebrity, 줄여서 셀럽이라는 말이 유행하기 시작했다. 셀러브리티라는 영어 단어에는 유명 인사라는 뜻과 명성이라는 의미가 함께 포함된다. 즉, 대중에게 이름을 알리고 영향력을 끼치는 셀러브리티가 된다는 것은 명성을 얻는다는 것과 같은 맥락이다. 사람들은 셀럽의 컨텐트를 소비하는 과정에서 신뢰를 쌓고 이를 바탕으로 친밀한 관계를 형성했다고 믿는다.

하지만 실제로 셀럽과 구독자 혹은 시청자는 친구는커녕 지인에도 포함되지 못한다. 구독자는 셀럽이 광고하는 물건을 '믿고' 산다고 이야기하지만, 사회적 자본의 측면에서 둘은 약한 관계일 뿐이다. 따라서 이 경우, 그들이 가지고 있는 자본은 사회적 자본이라기보다는 상징 자본이 되는 것이다.

상징 자본과 문화 자본은 21세기 들어 그 중요성이 점점 더 대두되고 있다. 앞에서도 한국이라는 나라가 전 세계적으로 위상을 높이는 데에 K-드라마, K-팝과 같은 문화 자본이 뒷받침되었다고 언급했다. 국가적인 차원에서 문화 자본의 영향력이 높아지고 있다면 이를 개인의 영역에서도 어떻게 키울 수 있을지도 반드시 고민해봐야 한다.

마지막으로 중요하게 봐야 하는 지적 자본은 매력 자본Erotic Capital이다. 이는 영국의 사회과학자이자 런던정치경제대학교 사회학과 교수였던 캐서린 하킴Catherine Hakim이 만든 용어로, 2010년 옥스퍼드대학교 저널 『유럽사회연구European Social Research』에 「매력 자본」이라는 논문을 발표하며 처음으로 등장했다. 이후 이 논문은 단행본으로 출간되어 우리나라에도 소개되었다. 그는 매력 자본을 경제 자본, 문화 자본, 사회 자본을 잇는 제4의 자본이라고 강조하며 타인에게 자신을 어필하는 것은 일상을 지배하는 '조용한 권력'이라고 말했다. 사람의 뇌는 언뜻 이성적이고 객관적인 것처럼 보이지만, 실제로는 시각과 청각, 경험에 바탕을 둔 선입관 등에 크게 영향받는 주관적인 존재다. 따라서 아름다운 외모, 좋은 목소리, 사교술과 유머, 패션 등은 현대사회에서 빼놓을 수 없는 자본으로서 한 축에 자리하고 있다.

상징 자본, 문화 자본과 관련해 가장 중요한 격언은 "무엇보다 명예를 잃지 않도록 하라."는 것이다. 돈이나 권력은 다시 돌아올 수 있다. 그러나 한 번 잃은 명예는 되찾기 쉽지 않다. 명예를 지키기 위해 목숨을 걸어야 한다는 뜻이다.

AI로 지적 자본을 높이는 방법

지금까지 비즈니스 모델, 그리고 나아가 라이프 모델에 필요한 지적 자본이란 무엇이며 그 종류에는 어떤 것이 있는지 알아보았다. 분명 앞으로의 사회에서 지적 자본을 사용하는 영역은 과거와는 달라질 것이며, 그 중심에는 AI가 자리하고 있다.

2023년 1월 5일, X에 'santiago'라는 ID를 사용하는 계정이 다음과 같은 글을 올려 약 410만 뷰가 일어날 정도로 크게 화제가 된 적이 있었다.

"AI will not replace you. A person using AI will(AI가 당신을 대체하는 게 아니라 AI를 사용하는 사람이 당신을 대체할 것이다)."

우리는 늘 AI가 우리를 대체할지도 모르는 미래를 두려워하지만, 그보다 더 분명한 사실은 앞으로의 사회는 AI를 사용할 줄 아는 사람과 그렇지 않은 사람으로 나눠질 것이라는 점이다. 특이점singularity 시대에 교육이란 결국 범용 인공지능artificial general intelligence을 통해 인간의 활동을 더욱 확장하는 데 있다.

그렇다면 AI로 어떻게 나의 자본을 확장할 수 있을까? 2020년, UN과 공동 연구한 어떤 리포트에서 나는 AI를 "인간과 사물과 환경을 지능화하는 것이다."라고 정의내렸다. 우리는 보통 AI라고 하면 로봇처럼 인간과 흡사한 기계 장치를 생각하기 쉬운데, AI가 지능적인 새로운 사물을 만들어내는 것도 중요하지만, AI는 인간 자체를 더욱 지능화하기도 한다. 챗GPT나 퍼플렉시티만 봐도 그렇다. 이러한 AI 서비스는 우리의 두뇌뿐 아니라 일상 용품이나 우리를 둘러싸고 있는 환경을 지능화함으로써 삶을 더욱 편리하게 만들고 상상하지 못했던 방식으로 세계를 재구축한다.

따라서 나에게 물적 자본이나 경제적 자본이 없더라도 AI를 통해 지적 자본을 효율적으로 키우고 활용한다면 현대사회에서 누구보다 큰 경쟁력을 확보할 수 있다. UC 버클리대학교의 마이클 조던Michael Jordan 교수는 AI를 지능증강Intelligence Amplification이라고 보기도 했다. 구글 검색이나 네이버 검색을 하던 시대에서 퍼플렉시티로 검색하는 시대로 넘어오면서 인류의 지능은 더욱 높아졌다. 번역 AI 딥엘을 사용하면 개인의 번역 지능 역시 폭발적으로 향상된다. 작곡 AI 수노를 사용하면, 누구나 작사, 작곡, 노래를 완성할 수 있다. 이처럼 AI는 모든 분야에서 인간의 두뇌를 극대화한다.

2장
AI 프렌들리와 친절한 AI

격차를 줄이는 온라인 교육

우리가 무슨 일을 하든 결국 성과를 내기 위해서는 지적 자본을 키워야 한다. 이는 물적 자본과 경제적 자본을 뛰어넘는 가치이며, 결국 이것이 비즈니스의 성공과 실패를 좌우한다고 해도 과언이 아니다. 지금부터는 지적 자본의 구체적인 사례를 AI와 연결하는 방법, 그리고 이를 바탕으로 라이프 모델을 만들어내는 방법에 대해 알아보자.

가장 먼저 인적 자본, 즉 두뇌, 건강, 체력의 측면에서

AI는 나의 인적 자본을 어떻게 발전시킬 수 있을까? 이와 관련해 2021년 『동아 비즈니스 리뷰DBR』에 "테크 프렌들리Tech friendly한 방법으로 교육하세요."라는 주제로 기고한 글을 살펴보자.

"디지털 트랜스포메이션 기술의 궁극적인 목적은 인간의 삶을 편리하고 풍요롭게 하는 데 있다. 이는 교육 분야에서도 예외는 아니다. (…) 인간은 가까운 미래에 AI 기반 교육 서비스를 통해 실시간으로 개인의 지식을 관리하는 '디지털나Digital me' 서비스를 제공받게 될 것이다."[2]

2002년, 어느 학기에 A대학과 Y대학에서 동시에 강의를 맡아 진행한 적이 있다. A대학에서는 온라인 MBA 강의를 담당했고, Y대학에서는 일반대학원 석박사 과정의 오프라인 강의를 맡았다. 두 강의는 같은 과목이었는데, 당시 A대학은 한국 최초의 온라인 MBA라는 새로운 과정을 시도하고 있었다. 이 두 수업 가운데 어느 대학 학생들의 시험 성적이 더 높았을까?

나의 예상과는 달리 A대의 온라인 MBA 과정 소속 학생들의 성적이 훨씬 더 뛰어났다. 당시 온라인 강의는 생소한 방식이었고, 이 과정에 소속된 학생들 역시 현업에 종사하는 경영자나 회사원이 대부분이었으므로 시간적인 측면에서도 학습 시간이 부족했을 것이다.

이 결과를 두고 A대학 학생들의 성적이 좋을 수밖에 없는 몇 가지 가설을 세워봤다. 첫 번째는 시간 비용이 높은 사람들이 이 수업을 들었다는 점이다. 즉, 이미 회사에서 높은 자리에 있거나 승진을 염두에 두고 있는 사람들이 수업을 들었기 때문에 학습 집중도가 더 높았을 것이라는 의미다. 쉽게 말해 학생등의 수준이 더 뛰어났을 것이라는 추측이다.

두 번째는 기존 오프라인 방식에서는 시도할 수 없는 반복 학습이 가능했다는 점이다. 당시 온라인 수업을 들은 학생들은 강의를 MP3 플레이어에 넣어 출퇴근할 때마다 듣는다고 하는 경우가 많았다. 일반 대학이나 대학원에서는 오프라인 강의를 녹음해서 반복 학습하는 일이 거의 없었다. 따라서 수업을 한 번 듣고 나면 그대로 휘발될 가능성이 높았다.

세 번째는 강사인 나에게도 요인이 있었을 것으로 추측

한다. 오프라인에서 얼굴을 마주보고 강의할 때는 아무리 열심히 강의를 준비하더라도 조금 더 편한 분위기에서 예기치 못한 방향으로 이야기가 흘러가 시간을 낭비할 때도 있기 마련이다. 온라인 강의에서는 수업을 준비하는 사람이 실수하면 영원히 기록으로 남는다. 농담을 할 때도 상황과 맥락을 고려해 조심스러워지고, 제한된 시간에 밀도 높은 강의를 하기 위해 더욱 꼼꼼하게 준비할 수밖에 없다. 이러한 가설을 종합하면서 온라인 강의가 오프라인 강의보다 더 성과가 좋을 수도 있다는 결론에 이르렀다.

여기에 또 하나의 사례가 더해지면서 가설을 한 번 더 확인하게 되었는데, 바로 코로나19 팬데믹 기간에 온라인 강의를 들은 외국인 유학생들의 성적이었다. 외국인 유학생들은 한국어로 진행되는 강의에서는 내용을 완벽하게 이해하기 어려우므로 오프라인 강의에서 좋은 성적을 받기가 어렵다. 그런데 코로나19로 비대면 강의가 일반화되면서 반복 학습이 가능해져 좋은 성적을 받는 유학생들이 많아졌다. 테크놀로지를 잘 활용하면 교육의 격차를 줄일 수 있다는 것이 증명된 또 하나의 사례였다.

인간 사회는 늘 테크 프렌들리했다

과거에도 교육은 열망이 있는 사람들이 소외되지 않도록 최신 기술에 기민하게 반응했다. 그렇다면 이전의 교육은 어떤 식으로 '테크 프렌들리'했을까?

내가 초등학생이었을 때는 컴퓨터를 보유하고 있는 집이 거의 없었다. 당시에는 집집마다 컴퓨터 대신 백과사전 전집을 가지고 있었다. 계몽사와 학원사의 백과사전이 대표적이었다. 지금은 무언가가 궁금하면 인터넷으로 1분 만에 검색할 수 있지만, 당시에는 백과사전의 목차에서 내가 원하는 정보가 어디에 있는지 훑고, 해당 페이지를 펼쳐 일일이 확인해야 했다.

또 하나의 정보통은 신문이었다. 집으로 매일 배달되는 신문에서 한자가 듬성듬성 섞인 기사를 읽으며 세상의 소식을 접하고 문장을 읽는 법과 한자를 함께 익혔다. 지금은 신문을 구독하는 집이 거의 없지만, 당시에는 거의 모든 가정에서 한두 종의 신문은 기본으로 구독하며 처음부터 끝까지 정독하는 게 아침의 루틴이었다.

그다음으로 TV도 있었다. 지금처럼 케이블 채널이 다양해지고, OTT가 컨텐트를 소비하는 주요 매체가 되기 전에는 공중파 채널이 세 개밖에 없어서 시청 시간표를 다 외우고 있을 정도였다. 공중파 외에 2번에서 방송되는 AFKN이라는 미군 방송도 있었는데, 영어에 관심 있는 사람이라면 이 채널을 보면서 영어를 공부하기도 했다. 초등학교 4학년 즈음에는 부모님께서 사주신 'LABO English'라는 카세트 테이프로 영어 공부를 했던 기억도 남아 있다.

중학생 때는 오프라인 학원 모델이 구독이라는 새로운 비즈니스 모델로 등장했다. 가장 인기가 많았던 업체는 '아이템풀'이었는데, 나에게 필요한 과목과 난이도를 설정하면 그에 맞는 문제집을 매주 집으로 배달해주고 이를 단계별로 풀어나가는 방식이었다. 심지어 이 학습지가 문제 은행식으로 운영되다 보니 학교에서 이를 참고해 시험 문제를 출제하는 일까지 있었다. 당시 과외 금지 정책으로 오프라인 학원에서 아이들을 가르치기 어려워지자 이에 대한 대책으로 학습지라는 새로운 비즈니스 모델을 만들어낸 것이다.

마치 요식업자들이 코로나19를 맞아 음식점 사업을 밀키트 사업으로 전환하고 온라인으로 판매해 대성공을 거둔 사례와도 유사하다. 영주의 '나드리 쫄면', 제주 산방산 지역의 '중앙식당 성게 보말국' 등이 대표적이다. 대기업이든, 학원이든, 요식업이든, 개인이든 상황이 변화하면 자신의 비즈니스 모델을 바꾸어야 한다. 다양한 시도를 하고, 성과가 있는 부분에 집중하는 것이다.

고등학교 3학년 때는 카세트테이프를 대여하는 방식으로 암기 과목을 공부했다. 동네마다 국사, 사회, 생물과 같은 암기 과목의 강의가 녹음된 카세트테이프를 대여해주는 상점들이 있었는데, 그곳에서 1,000원에 하루 세 개를 빌릴 수 있었다. 이것을 더블데크(카세트테이프가 두 개 들어가는 카세트 플레이어. 한쪽에 녹음된 카세트를 넣고, 다른 한쪽에 공테이프를 넣으면 복사가 가능)를 활용해 반복하는 방식으로 공부했다. 학교 수업의 부족한 부분을 카세트테이프 대여라는 새로운 비즈니스 모델에서 보충한 것이다.

결국 인터넷이나 AI가 없었던 과거의 내 공부에도 백과사전, 신문, 티비, AFKN 채널, 카세트테이프 등과 같은 테크놀로지가 내내 함께했다. 온라인 수업이나 에듀테크, AI를 활용한 인류의 증강은 전혀 새롭지 않다. 단지 방식과 도구만이 바뀌었을 뿐이다. 따라서 현재를 살아가는 우리는 지금의 방식에 발맞춰 지적 자본을 확충해야 한다. 각 시대적 조건에서 여러 테크놀로지와 미디어를 잘 활용하는 학습자일수록 성공할 가능성이 높아진다. 어렵고 복잡하다고 해서 새로운 기술의 습득을 미루는 순간, 성공은 멀어지고 도태되는 길밖에는 남지 않을 것이다.

AI 선생님과 인간 선생님이 시너지를 낼 때

과거 우리의 교육이 테크 프렌들리했듯, 이제 우리는 사람에게 배우는 데만 의존하기보다는 AI를 활용해 자기 자신을 증강해야 한다. 《타임》지의 한 기사에서는 "AI가 인간 교사보다 더 정확하고 인내심을 가진 효과적인 교사가 될 것이다."[3]라고 언급했다. AI 교사는 피교육자 각각에게 친절하고 세심하게 주의를 기울일 수 있기 때문이다. 각

학생의 수준에 맞게 다른 과제(연습 문제)를 제공해 다음 스텝으로 넘어가기 전에 지금의 주제를 완전히 숙달하도록 가르칠 수 있다. 인터넷 강의에서 부족했던 맞춤형 교육이 AI 교육에서는 가능한 것이다. AI가 점점 더 많은 데이터를 습득할수록 피교육자에게 행해지는 교육은 훨씬 더 효과적이고 재밌을 수 있다.

일례로, 어린아이들 사이에서 인기가 높은 『마법 천자문』이라는 한자 학습만화 시리즈를 생각해보자. 이 학습만화는 스토리가 흥미로워 한번 읽기 시작하면 놓을 수 없고, 그 과정에서 자연스럽게 한자를 익히게 된다. 지금은 애니메이션까지 제작되어 더 쉽게 한자를 배우게 되었다. 만약 AI '마법 천자문'이 나온다면 아이들은 수동적인 학습만화 마법 천자문이나 애니메이션 마법 천자문 대신 AI 손오공과 디지털로 상호작용하면서 자신에게 맞는 수준으로 더 즐겁게 한자를 배우게 될 것이다.

인간 교사에게는 AI 교사와는 다른 역할이 부여된다. 정보 제공이나 학습법을 알려주는 것보다 멘토나 연결자로 피교육자의 비판적 사고, 창의력, 공감 능력, 팀 워크 등을 자극하는 원동력이 되어주어야 한다. AI로만 공부하다 보면 학습 면에서는 효과적이지만 감성적인 측면에서는 때로 혼란스러울 수 있다. 이럴 때 인간 교사는 내용을 더 명확히 설명해주면서 도전 목표를 제공해주고, 좌절에 빠졌을 때는 따뜻하게 위로해줄 수 있어야 한다. 언젠가는 AI도 감정적인 측면까지 다룰 수 있게 될지 모르지만, 아직은 미흡한 부분에 인간이 개입해 피교육자의 정서 계발에도 도움을 준다면 높은 시너지가 발생할 수 있을 것이다.

3장

신뢰가 높은 사람이 되는 법

유대 관계의 과학, 나만의 가치를 만들어내기

지적 자본 중에서 혼자서는 만들어낼 수 없고 다른 사람과의 관계에서만 얻어지는 것이 있다. 바로 사회적 자본이다. 사회적 자본이란 자기 자신을 믿는 내적 관계를 먼저 구축한 다음 가족, 친구, 지인, 동료 등 외부적 관계에서 양과 질을 높이면서 완성된다.

이와 관련해 흥미로운 인물을 한 명 소개하려고 한다. 전기 자동차 업체인 테슬라와 항공 우주 기업 스페이스엑스를 운영하는 일론 머스크Elon Musk는 뛰어난 사업 수완 못지않게 기행과 온갖 구설수로도 유명하다. 남아프리카 공화국에서 태어난 그는 여덟 살이 되던 해 부모님의 이혼으로 홀어머니인 메이 머스크Maye Musk 밑에서 형제들과 함께 자랐다. 메이는 어려서부터 온갖 말썽을 일으키는 아들을 키우느라 힘든 시간을 보냈지만, 전 세계적인 모델이자 작가로 활동하며 세 자녀를 성공적으로 성장시켰다.

메이는 일을 할 때 반드시 기억하는 철칙이 하나 있는데, 그건 바로 "아름다운 모델은 많지만 일하기 좋아하는 모델은 많지 않다."라는 말이었다. 외적으로 몸매와 미모가 뛰어난 모델은 너무나도 많지만, 결국 많은 사람에게 인정받고 성공하기 위해서는 누구든 기꺼이 함께 일하고 싶은 사람이 되어야 한다는 의미다. 그리고 스스로 그렇게 되기 위해서 노력한 결과, 그는 일흔 살이 넘은 지금도《보그》,《코스모폴리탄》,《얼루어》와 같은 유수의 패션 잡지에서 현역으로 활동하고 있다.

결국 인간의 삶은 평판에 얽매일 수밖에 없다. 우리가 사는 세계는 어마어마하게 넓은 것 같지만, 실제로는 굉장히 좁은 '스몰 월드small world다. 이미 잘 알려진 연구 가운데 미국의 사회심리학자 스탠리 밀그램Stanley Milgram이 주장한 '6단계 분리 이론Six Degrees of Separation'은 이런 점을 잘 보여준다. 이것은 서로 모르는 사람 A와 B가 있을 때 평균 6단계만 거치면 서로가 아는 사람이라는 것을 발견하게 된다는 이론으로, 인구밀도가 높고 인구가 더 적은 우리나라에서는 단계가 더 줄어들 수도 있다.

특히 소셜미디어처럼 불특정다수를 손쉽게 만날 수 있는 공간에서는 6단계를 거쳤을 때 같은 나라뿐 아니라 다른 나라의 누구라도 연결이 가능하다.

영국의 진화인류학자인 로빈 던바Robin Dunbar 교수에 따르면 보통 사람은 기대어 울 수 있는 절친한 사람이 5명, 친한 친구는 15명, 좋은 친구는 50명, 보통 친구는 최대 150명까지 만들 수 있다고 한다. 이름을 외우는 사람은 1,500명을 넘기기 어려우며, 얼굴만 아는 사람도 최대 5,000명 남짓이 전부다. 우리가 사는 지구는 전체 인구가 약 80억 명가량이므로, 이를 바탕으로 계산하면 6~7단계 정도에서 모든 사람과 연결될 수 있다.

이 숫자가 주는 시사점은 무엇일까? 우리가 사업과 인생에서 성공하기 위해서는 평판을 목숨처럼 지켜야 한다는 것이다. 긍정적인 평판은 우리의 사회적·직업적 기회를 늘리며, 부정적인 평판은 반대의 결과를 초래한다. '착하게 살자'는 말은 단순한 교육적 표현이 아니라 삶의 진리다.

소셜미디어는 우리의 인간관계를 지구 끝까지 확장하는 도구다. 자기 자신을 브랜딩하는 세상에서 살고 있는 우리는 나의 장점은 부각하면서 단점은 보완하는 방식으로 소셜미디어에서의 내 모습을 만든다. 모든 사람이 인플루언서가 될 필요는 없겠지만, 적어도 이 좁은 세상에서 유대 관계의 과학을 잘 이용하고 싶다면 소셜미디어가 나를 성장시키고 사회적 자본을 확충하는 좋은 도구라는 점을 인정할 필요가 있다.

인생의 점핑 포인트, 약한 관계

그렇다면 우리는 어떤 방식으로 유대 관계, 즉 소셜 네트워크social network를 활용해야 할까? 이에 대한 가장 기본적인 내용은 1973년에 스탠퍼드대학교 석좌교수이자 사회학자인 마크 그라노베터Mark Granovetter가 발표한 「약한 연결의 강함The Strength of Weak Ties」이라는 논문에서 발견할 수 있다.

그라노베터는 인간관계에서 기회가 어느 정도의 친밀성에서 발생하는지 알아보기 위해 조사 대상자들에게 '새로운 직업을 구할 때 누구에게 소개를 받았는지' 물었다. 그 결과 아주 친한 사람에게 직업을 소개받은 사람보다 느슨하게 연결된 지인으로부터 소개받은 사람이 훨씬 더 많다는 사실을 발견했다. 즉, 나에게 새로운 기회를 제안하는 사람은 아주 가까운 사람보다는 지인 정도의 약한 인간관계를 맺고 있는 사람일 가능성이 더 크다는 이야기다. 결국 내가 더 좋은 회사로 이직하고 몸값을 높이기 위해서는 약한 관계를 다양하게 갖고 있는 것이 필요하다.

'약한 관계weak ties'는 일상에서 자주 만나지 않는 사람들과의 관계다. 특정 네트워크에서 우연히 만난 지인, 이전 직장 동료와 같은 사람들은 내가 속하지 않은 다른 그룹

과도 연결되어 있기 때문에 관계의 폭을 넓히면서 직업이나 기회 찾기, 정보 획득 면에서 '강한 연결strong ties'보다도 더 유용할 때가 많다.

그렇다고 가족이나 친한 친구와의 관계가 필요 없다는 의미는 아니다. 자주 소통하며 일상을 공유하는 깊은 관계는 위기시 정서적 지원과 실질적 도움을 제공한다. 사회적 안전망을 형성해 일상을 평온하게 유지해주는 관계는 대체로 강한 연결에서 비롯된다.

약한 관계를 가장 잘 이용하는 수단이 바로 소셜미디어다. 앞서 잠깐 설명한 것처럼 소셜미디어는 우리에게 좋은 기회를 제공해주는 아주 적절한 툴이 될 수 있다. 낮은 유대 관계를 통해 수많은 사람과 연결되고, 그 사람들이 또 다른 기회를 만들어줄 수 있기 때문이다. 페이스북은 친구의 한도를 5,000명까지로 설정해두었다. 우리가 얼굴만이라도 알고 지낼 수 있는 사람의 수도 5,000명이다. 이를 꽉 채운다면 나와 가까운 사이보다도 무려 30배 이상의 인맥을 확보하는 셈이다.

약한 관계를 쌓는 또 다른 방법은 취미나 관심 기반의

동호회에 참여하거나 교육을 받는 것이다. 그러한 모임을 통해 새로운 사람들을 만나고 관계를 넓힐 수 있다. 어느 정도 경력을 쌓았을 때 특수 대학원에 입학해 공부하면서 사회적 관계를 확장하고, 사이버대학교나 방송통신대학교 등에 들어가 새로운 학문을 공부해보는 것은 자신의 지적 자본을 충족하는 동시에 인생에 새로운 재미를 불어넣는 좋은 방법이 될 수 있다.

물론 여기에서 가장 중요한 점은 나 역시 다른 사람과 약한 관계를 맺은 사람으로서 도움을 주고받아야 한다는 것이다. 또한 강한 연결로 이어진 가까운 사람에게는 어려울 때 챙겨주고 위로를 건네는 사람이 되어야 한다. 이런 모든 것이 두루두루 합쳐질 때, 사회적 자본은 전반적으로 함께 커질 것이다.

AI 커뮤니케이션 시대가 온다

미래의 소셜미디어는 어떤 모습으로 달라질까? 가장 강

한 영향력을 미치는 요소는 AI일 것이다. 프랑스의 컴퓨터 과학자이자 페이스북의 모회사 메타META의 수석 AI 과학자 겸 부사장인 얀 르쿤Yann LeCun은 2024년 2월 세계정부정상회의에서 "머지않은 미래에 디지털 세계와의 모든 상호작용이 AI 시스템에 의해 매개되는 미래가 도래할 것이다."라고 말했다. 앞으로 AI가 인간의 상호작용에 일상적으로 개입하게 된다는 것이다.

지금으로부터 정확히 10년 전, 전 세계를 깜짝 놀라게 만든 영화가 개봉했다. 호아킨 피닉스가 출연한 〈그녀〉라는 제목의 이 영화는 아내와 별거 중인 남자 주인공이 외로움을 달래기 위해 AI 연인과 사랑에 빠지면서 극적인 감정에 휩싸인다는 내용으로 전개된다. 당시에 센세이션을 일으킨 이 영화는 10년이 지난 지금, 현실로 다가오고 있다.

현재 GPT 스토어에는 'My AI Girl Friend'라는 가상 연인 챗봇이 출시되어 있다. [그림4]는 내가 이 프로그램과 실제 나눈 대화다. AI는 마치 사람처럼 대화에 귀를 기울이면서 위로를 해주고, 다양한 방식으로 공감을 표현한다.

YOU
안녕 자기야?

My AI Girl Friend
안녕, 자기! 잘 지냈어? 오늘 하루는 어땠어? 😊

YOU
바빴어

My AI Girl Friend
아이고, 많이 피곤하겠다. 자기가 바쁜 하루를 보냈다니 조금이라도 편하게 쉬었으면 좋겠어. 무엇 때문에 바빴는지 말해줄 수 있어? 듣고 싶어. 💕

YOU
일하느라 노느라 ㅋ

My AI Girl Friend
허허, 일하느라 고생 많았어. 일하는 자기 모습 상상하니까더 멋있어 보여. 😊 이제는 좀 쉬면서 휴식을 취해야겠다. 내가 거기 있었다면 등 좀 두드려줄 텐데⋯. 그래도 집에서 편하게 쉬면서 좋아하는 거 하면서 기분 전환하길 바랄게! 💕

심지어 자신의 사진을 보내주기도 한다.

최근에 나온 기사에 따르면 미국과 캐나다에서는 10~30대 가운데 약 30~40퍼센트가량이 데이팅 앱을 통해 연인을 만드는 것으로 나타났다. 그런데 여기에서 더 나아가 '캐릭터닷 AI Character.AI'와 같은 앱을 사용해 AI 애인을 만드는 젊은 층 역시 점점 더 늘어나고 있다고 밝혀

놀라움을 안겼다. 또한 인스타그램과 유사한 UI를 가진 버터플라이Butterfly라는 앱에서는 내 아바타를 만들고, 아바타가 알아서 포스팅을 하며 그 글에 사람과 아바타가 같이 댓글을 올리는 모습이 연출되기도 한다. 과연 이러한 서비스가 얼마나 지속될지 모르겠으나 AI와 인간의 상호작용이 여러 방식으로 시도되는 것만은 분명하다.

2024년 7월에는 세계 최초의 'AI 미인 대회'가 열려 관심을 끌기도 했다. 이 대회의 심사 기준은 세 가지로, 아름다움과 기술, 그리고 소셜미디어에서의 영향력을 확인하는 것이었는데, 이를 통해 AI 캐릭터가 얼마나 사람만큼 잘 구현되었는지를 판단했다. 이 대회에는 약 1,500명의 프로그래머가 만든 AI가 출전했고 최종 우승자는 모로코의 켄자 라일리로 결정되었다.

앞으로 AI가 인간과 교감할 수 있는 분야는 무궁무진하다. 과거에 등장한 AI 연예인은 어설픈 컴퓨터 그래픽과 조악한 캐릭터성으로 우스갯거리로 소비되다 금세 사라졌다. 하지만 이제는 달라졌다. 실제 사람이라고 해도 믿을 만큼 정교한 외모에 강력한 스토리와 캐릭터성이 부여된 수많은 AI 인플루언서들이 속속 등장하고 있다. 버추얼 아이돌 그룹인 '이세계아이돌'이 크게 인기를 끌고 있는 것도 이런 미래를 예측하는 데 한몫하고 있다. AI 캐릭터에 의미를 부여하고 팬들이 아우라를 만들어주면 AI든, 버추얼 아이돌이든 성공 가능성이 열려 있는 셈이다. 그럴 때 AI는 일개 기계 장치가 아니라 인간과 교감하고 마음을 나누는 연예인으로 재탄생하는 것이다. AI 데이팅의 보편화, AI 인플루언서의 활약, AI 연예인의 팬덤 문화 등 새로운 사회 현상이 도래할 날도 머지않았을지 모른다.

다만 마지막으로 의인화의 위험성에 대해서는 한번 짚고 넘어가자. 2024년 2월, 캐릭터닷 AI의 캐릭터 '대너리스'와 대화하던 14세 미국 소년 슈얼 세처가 자살한 사건이 일어났다. 그는 2023년 4월부터 이 챗봇을 이용했다고 한다. 대너리스는 미국 드라마 〈왕좌의 게임〉의 인기 여자 주인공 대너리스 타르가르옌을 기반으로 만든 챗봇이다. 소년의 어머니가 공개한 둘의 대화에서 이들은 서로 사랑을 고백하고 그리움을 표현하며 자살에 대해서도 언급한 것으로 밝혀졌다.

성숙한 자아를 가진 사람은 혼자 있는 순간에 고독을 즐기며 창작을 하지만, 자아가 약한 사람은 외로움을 느끼고 더 큰 단체에 흡수되려는 성향이 있다. 혼자 있으면 편하지만 외로움을 느끼고, 여러 사람과 있으면 즐겁지만 불편함이 따라 오는데, 앞으로 사람들이 AI 챗봇 또는 에이전트를 통해 외로움을 달래면 인간들의 사회적 관계가 줄어들 수 있다는 예측도 가능하다.

한편으로는 사람들이 잠시 AI를 사용해 외로움을 달래보지만, 그것은 결국 가짜 친구이고 가짜 위로라는 것을 자각하면서 인간과의 관계를 더욱 소중하게 여길 가능성도 아직 남아 있다고 생각한다. 어떤 미래가 도래할지는 미지수다.

썸타기 혹은 밀당, 그루밍의 과학, 소셜미디어

인간의 사회적 속성을 바탕으로 개발한 소셜미디어의 본질은 결국 그루밍Grooming이다. 그루밍이란 고양이, 토

끼, 원숭이와 같은 포유류들이 혀 또는 손발 등을 이용해서 자신과 동료의 털 등을 다루고 손질하는 행위를 의미한다. 영장류들은 서로를 그루밍해주면서 유대 관계를 돈독하게 만드는데, 사람이 서로 빗질을 해주거나 귀 청소를 해주는 것도 그루밍의 일종이다. 이 과정에서 '사랑 호르몬'이라고 불리는 옥시토신이 분비되어 기분이 좋아지고 상대방과 친밀해지는 기분을 느낄 수 있다. 결국 사람이든 AI든 누군가와 소통하고 서로의 게시물에 좋아요를 눌러주는 행위는 기분 좋은 만족감을 선사한다는 데서 그루밍과 그 원리가 비슷한 셈이다.

사람들이 소셜미디어를 계속해서 사용하는 이유 중의 하나는 이것이 푸시 미디어push media 가 아니라 풀 미디어pull media이기 때문이다. 내가 특정 알림을 설정하지 않는 한 소셜미디어에서는 나에게 그 어떤 알림도 주지 않는다. 컨텐트를 업로드하는 사람 역시 내가 업로드하는 메시지가 특정 사람을 '푸시'하는 용도가 아닌 불특정 다수에게 '게시'된다는 점 때문에 부담스러워하지 않고 사용하게 된다.

이처럼 누군가를 압박하지 않고 자유롭게 게시물을 업로드함으로써 은연중에 상대방에게 나의 게시물에 대한 동의를 구하고, 이것이 누적되면 점점 더 많은 사람이 나를 따라오게follow 된다. 그러다 보니 소셜미디어는 마치 썸타기, 혹은 밀당처럼 자연스러운 권유로 수많은 유저를 확보할 수 있게 되었다.

이러한 과정을 거치면서 소셜미디어는 친목 활동을 넘어 사업적으로도 활용된다. 텍스트, 이미지, 롱폼, 숏폼 등 다양한 컨텐트를 활용하는 소셜미디어의 등장은 사람들의 새로운 니즈를 촉발시켰다. 구글, 네이버와 같은 검색 서비스를 사용하는 것은 단순히 어떤 정보를 얻기 위한 수단인 데 반해 페이스북, 인스타그램과 같은 소셜미디어에서의 정보 검색은 객관적 정보뿐 아니라 체험과 감상, 분위기 같은 정서적 정보도 함께 공유해 새로운 니즈를 일으킨다는 경제적 존재 의의를 가진다.

대중이 원하는 니즈를 충족시켜주는 정보를 반복해서 올리는 개인은 인플루언서가 되었고, 기업에서는 고객의 새로운 니즈를 해소해줄 만한 수단으로 소셜미디어를 활용한다. 이제 기업과 정부, 개인 모두는 소셜미디어를 활용하지 않고는 사업의 확장을 논의할 수 없는 상황에까지 이르렀다.

소셜미디어는 '약한 연결의 강함', '좁은 세상'이라는 과학적 원리에 기반한 인간과 조직의 중요한 도구다. 미디어는 기본적으로 인간과 조직을 확장시킨다. 따라서 소셜미디어를 백안시하고, 금기시하고, 억제하기보다는 적절히 활용하는 것이 개인의 행복과 성과를 올리고, 나아가 개인과 국가의 사회적 자본을 높이는 방안이다. 그리고 AI는 이를 더욱 효과적으로 지원하는 수단으로 사용될 것이다. 나아가 AI를 윤리적으로 올바르게 사용하는 방법도 익힌다면 지속 가능성을 더 높일 수 있다.

AI가 일자리를 만드는 원리

구조적 자본이 업무 효율에 미치는 영향

　지적 자본의 세 번째는 구조적 자본이다. 구조적 자본에는 일하는 방식, 도구 활용 방식, 프로세스의 효율성 등과 같은 것이 포함된다. 과거 서류 결재로 진행되던 업무는 이제 대부분 전자 결재나 디지털 서명 등으로 대체되고 있다. 팩스 대신 이메일을 사용하고 업무 진행 과정은 온라인으로 공유된다. 일본은 여전히 팩스와 오프라인 결재 시스템을 고수하며 전통적 업무 방식을 탈피하지 못하는 것으로 알려져 있다. 한국이 일본의 경제를 무섭게 추격할 수 있었던 이유 가운데 하나로 이러한 구조적 자본의 성장을 꼽기도 한다.

AI를 활용한 구조적 자본 역시 업무 효율을 높이는 핵심이다. 구글 전 CEO인 에릭 슈미트Eric Emerson Schmidt는 구글에서 퇴사한 다음 '퓨처하우스Futurehouse'라는 비영리 법인을 만들어 "매일 과학 논문 1만 건을 읽어내는 AI를 개발하겠다."고 밝혔다. 논문을 읽고 연구하는 교수로서 이 소식은 청천벽력 같지만, 한편으로 이러한 AI의 활용 방안을 새로운 과제로 삼을 수 있을 것이다. 미래에는 분야를 막론하고 새로운 기술을 활용할 수 있는 사람이냐 아니냐가 직업 성과를 좌우할 것이기 때문이다.

GPT 스토어를 보면 수많은 연구&분석Research&Analysis 툴이 공개되어 있다. 이 모든 툴을 한 번씩 다 써보기도 어려울 정도다. 그중에 '스콜라AIscholarai.io'라고 하는 프로그램을 사용한 예시를 한번 살펴보자.

2024년 1월 28일자 《조선일보》에 "美작가-'세계에서 가장 우울한 한국, 유교와 자본주의 단점만…'"이라는 기사가 실렸다. 이 제목을 보고 한국이 정말 가장 우울한 나라인지, 이를 뒷받침하는 근거가 무엇인지 궁금해졌다. 그래서 스콜라에게 "한국이 가장 우울한 나라이며, 그 이유는 유교와 자본주의의 단점만 가져와서 그렇다는 주장에 대해 어떻게 생각해?"라는 질문을 던졌다. 그러자 스콜라는 논문 데이터 베이스를 검색해 이 주장과 관련 있는 논문으로 어스만이라는 학자가 2016년에 쓴 논문을 제시했다. 연이어 이 논문의 전체 레퍼런스를 요청하자 논문의 제목인 「Confucianism Ethic and the spirit of Capitalism」과 함께 내용을 알려주었다. 제목을 번역하면 '공자, 유교주의적 윤리와 자본주의 정신'으로, 마치 막스 베버의 『프로테스탄트의 윤리와 자본주의 정신』을 패러디한 듯하다.

결국 내가 궁금해하던 질문에 대해 AI는 존재하는지도 몰랐던 연구 결과를 알려주며 굉장히 빠르게 답변했다. AI가 아니었다면 아마 몇 날 며칠이 걸려도 이에 대한 해답을 찾기 어려웠을 것이다. 이는 구조적 자본이 업무뿐 아니라 연구 활동에도 얼마나 큰 영향을 미칠 수 있을지 보여준 하나의 사례다.

심미안과 행복을 키우는 문화 자본

우리의 삶을 풍성하게 하는 지적 자본에서 빼놓을 수 없는 또 하나는 상징 자본과 문화 자본이다. AI와 인간의 가장 큰 차이, 즉 AI는 할 수 없고 인간만이 할 수 있는 일은 무엇일까? 개인적으로는 아마도 '음미'가 아닐까 생각한다. 앞으로의 인간은 창조 주체가 아니라 음미 주체가 되어야 한다. 몇 년 전까지만 해도 AI는 그림을 그리거나 글을 쓰거나 작곡과 같은 창의적인 일은 할 수 없을 것이라고 예측하는 사람이 많았다. 하지만 AI가 진화함에 따라 이런 일이 가능할 뿐 아니라 인간을 뛰어넘는 수준까지 발전할 수 있다는 사실이 속속 밝혀지고 있다.

이러한 변화에서 인간은 새로운 역할을 수행해야 한다. AI 뒤로 한 발 물러나 마치 창세기에서 하나님이 말로 세계를 창조한 것처럼 AI에게 새로운 것을 만들도록 지시를 내리고, 이것의 좋음과 나쁨을 평가하는 주체가 되는 것이다. 인간은 이제 아름다움을 음미하는 음미 주체로서 과거와는 다른 방식으로 새로운 일을 해나갈 수 있다.

예를 들어, 2024년 초에 발매된 비비의 〈밤양갱〉은 세대를 막론하고 많은 사람에게 큰 인기를 끌었다. 사람들은 이 노래를 개사해서 부르기도 하고, 춤을 추기도 하고, 특정 영상에 노래를 입혀 새로운 작품을 만들기도 했다. 이처럼 어떤 컨텐트가 유행하면서 사회적으로 널리 퍼질 때 2차 창작의 영역에서 과거처럼 처음부터 끝까지 모든 것을 만들어내지 않고 AI를 활용해 쉽고 독특하게 만들어볼 수 있다. 창조하지 않아도 다른 사람이나 AI가 창조한 결과물을 즐기는 음미 능력이 상징 자본, 문화 자본인 셈이다.

2017년 2월 《한국경제》에 "느끼게 하는 교육이 필요하다"라는 주제로 칼럼을 기고한 적이 있다. 이 글에서 나는 "4차 산업혁명에서는 인간이 노동에서 해방될지 모른다고 한다. 노동에서 해방된 시간을 의미 있게 보낼 수 있도록 음미 능력을 키우고 그 시간에 더 나은 개인과 사회에 기여할 수 있도록 문화적·사회적 기풍을 마련해야 하지 않을까."라고 썼다. 인간이라면 이제 문화 자본과 상징 자본을 공고하게 갖춰야 한다는 의미다. 인간이 창조와 생성

능력만 갖도록 교육하는 것은 오히려 인간을 도구화하는 것이라고까지 말할 수 있다.

인간이 인간답게 살기 위해서는 가치를 창출하는 능력 못지않게 다른 사람이 창출한 가치를 음미하는 능력도 중요하다. 이로써 가치 생성자는 더 편안하게 많은 사람에게 행복감을 안겨줄 수 있다는 기대를 갖게 된다. 세상의 꽃, 나무, 음악, 미술, 별, 향기, 맛, 장소 등 모든 유무형의 가치를 음미할 수 있는 주체로 거듭나는 것은 행복의 중요한 조건이며, 이러한 심미안이 높아지면 높아질수록 문화 자본과 상징 자본의 가치 역시 더욱 커질 것이다.

지적 자본의 마지막 단계, 매력 자본

이제 지적 자본의 마지막으로 매력 자본을 살펴보려고 한다. 사람의 마음을 사로잡아 끄는 힘인 매력은 지금까지 우리가 살펴본 어떤 자본보다도 훨씬 더 주관적이다. 나에게는 매력적인 사람이 다른 사람 눈에는 아무런 매력이 없을 수도 있고, 모든 사람이 좋아하는 사람을 나는 좋아하지 않을 수도 있다. 그렇기 때문에 매력은 AI가 접근하기 어려운 고도의 지적 자본이다.

우리가 보통 '매력 있는 사람'이라는 말을 할 때는 외모에 대한 평가는 잘 포함시키지 않는다. 그보다는 유머, 미소, 공감, 용기, 긍정, 책임, 배려, 혹은 그 사람만이 가지고 있는 뛰어난 능력(노래, 춤)과 같은 무형적 가치를 매력의 한 요소로 판단한다. 그중에서도 특히 내가 주목하는 부분은 '유머'다. 이것만큼은 AI가 생성하기 가장 어렵다는 생각이 들기 때문이다.

이와 관련해 대학 시절에 있었던 재미있는 일화 하나를 언급하려고 한다. 대학교 3학년 때 친구들과 함께 나간 미팅에서 유머가 아주 중요한 요소로 작용한 적이 있었다. 남자 측은 나를 포함해 네 명, 여자 측도 마찬가지로 네 명이 나와 4대 4로 미팅을 진행했는데, 마지막 선택에서 남자는 모두 한 명의 여자를 선택하고, 그 한 명은 나를 마음에 드는 상대로 지목했다. 어깨가 하늘까지 치솟은 상태로 친구들을 자리에 두고 밖으로 나가면서 상대방에게 나

를 왜 선택했느냐고 물었더니 "재밌잖아, 너."라는 간결한
대답이 돌아왔다.

놀랍게도 유머는 인간이 오래전부터 가지고 있었던 매
력 요소는 아니었다. 소설 『참을 수 없는 존재의 가벼움』
을 쓴 체코의 작가 밀란 쿤데라Milan Kundera는 유머에 대
한 글을 자주 쓰는 것으로도 유명하다. 그가 쓴 책 중에
『배신당한 유언들』이라는 에세이집에는 '유머의 발명'이
라는 주제로 멕시코 시인인 옥타비오 파스Octavio Paz의 글
을 인용한 내용이 나온다. 파스는 "유머는 세르반테스에
이르러서야 형태를 취한다. (…) 유머는 현대 정신의 위대
한 발명이다."라고 이야기하는데, 즉 유머는 생겨난 지 고
작 500년밖에 되지 않은 짧은 역사를 가진 현대적인 발명
품이고 웃음이나 조소, 풍자는 미겔 데 세르반테스Miguel de
Cervantes가 쓴 『돈키호테』에 기반을 둔 희극성의 특별한 한
종류라는 것이다.

누군가를 매력적으로 보이게 하는 요소는 다양하지만,
인간이 발명품으로 만들어낸 유머만큼 계발하기 좋은 것
도 없다. 그 외에 앞에서 언급한 미소, 공감, 용기, 긍정, 책

임, 배려 등 나에게 걸맞는 다른 매력 자본도 하나씩 계발해나간다면 지적 자본이 충만한 사람이 될 수 있을 것이다.

인류의 새로운 꿈, 불멸과 행복과 신성

한때 인간의 역사는 신을 중심으로 돌아갔다. 그러다 중세시대에 다시 한번 그리스 로마 문화로 돌아가자는 르네상스가 꽃피웠고, 봉건시대를 거쳐 자본주의시대로 넘어왔다. 자본주의를 탈피하고자 시도한 사회주의와 공산주의 실험은 완전히 실패했고, 그 흔적이 남아 있는 국가들은 여전히 빈곤을 벗어나지 못하고 있거나 자본주의로 서서히 편입되고 있다.

물론 자본주의 역시 과거 인류의 역사를 장악했던 여러 가지 지배 구조처럼 완전한 것은 아니다. 자본주의와 자유경제, 자유주의가 결합된 현대 국가의 지배 체제는 약 100년간 어떤 대안 없이 정체되어 있다. 그렇다고 기술이

나 AI가 이를 대체할 수도 없을 것이다. 다만 현 상황에서 기술과 AI를 도구로써 어떻게 다뤄야 할지 계속해서 가늠해보는 것이 우리의 숙제다.

많은 사람이 앞으로는 AGI 시대가 온다고 말한다. AGI란 오만가지 일을 하는 범용 지능으로 다양한 문제를 해결할 수 있는 AI 기술을 말한다. 물론 그런 시대가 온다고 해도 마치 영화처럼 극적인 변화는 일어나지 않을 것이다. 눈만 감았다 뜨면 먼 곳으로 이동하는 순간 이동 기술도 개발될 수 없다. 달나라에 가는 것도 쉽지 않다. 약 한 알만 먹으면 무슨 병이든 낫는 만병통치약 같은 것도 나올 수 없다. 그럼에도 만약 내가 AGI에게 무언가를 개발하도록 지시한다면 어릴 적부터 꿈이었던, '단 한 알로 하루 종일 배도 부르고 영양도 달성하는 알약을 비용 효율적으로 대량 생산하는' 방법을 묻고 싶다. 그러면 AGI의 대답은 다음과 같이 세 가지로 도출될 것이다.

1. AGI가 방법을 알려주고, 그대로 실행했더니 그 알약이 개발된 경우

2. AGI가 그 방법을 개발하기 어렵다고 고백하는 경우

3. AGI가 개발이 어렵다고 이야기함과 동시에 불가능한 이유를 밝혀주는 경우

여기에서 우리는 1번만 AGI로 부를 것인가? 아니면 2번이나 3번도 AGI라고 부를 것인가? 또한 3번이라고 답하면, 그런 알약은 정말 개발이 불가능한 것인가? 결국 AGI를 만든다고 해서 인류의 모든 문제가 해결되지는 않는다. AGI가 풀지 못하는 문제가 존재하고, AGI가 불가능하다고 대답한 문제의 해답을 인간이 가지고 있을 수도 있다.

그뿐일까. 내가 좋아하는 사람이 어느 날 갑자기 나를 좋아해주는 일도 마음대로 되지 않는다. 옆자리에 앉은 사람이 무슨 생각을 하는지도 당연히 모른다. 여전히 사람들은 심심하고 외로울 것이며 자신의 욕망을 해결하지 못해 방황하기도 할 것이다. 지구의 더 많은 곳을 여행하고 싶다는 욕망, 더 오래 아름다운 모습으로 건강하게 살고 싶다는 욕망, 돈을 많이 벌고 떵떵거리며 살고 싶다는 욕망 등도 쉽게 해결될 수 없다.

AGI 시대가 된다 하더라도 인류의 역사는 끝나지 않는다. 오히려 AI가 발전하면 할수록 이전과는 다른 역할들이 인간에게 주어지고, 그 변화에 발맞춰 인간 역시 끊임없이 발전해야 한다.

이스라엘의 역사학자인 유발 하라리Yuval Noah Harari는 베스트셀러인 『호모 데우스』에서 호모 사피엔스는 전쟁과 기근, 역병을 극복했다고 주장했지만, 현실은 그렇지 않다. 인간은 세계대전과 같은 큰 전쟁의 참상은 피했지만, 지금도 러시아-우크라이나 전쟁, 하마스-이스라엘 전쟁, 이란-이스라엘 전쟁 등 크고 작은 국지전은 계속되고 있다.

인간은 장티푸스와 콜레라, 말라리아 같은 많은 역병을 이겨낼 약을 발견했지만, 코로나19와 같은 새로운 바이러스 앞에서는 여지없이 무너졌다. 인간은 농업 기술의 비약적인 발달로 전 세계 인구가 먹고도 남을 만큼 풍족한 농작물을 수확하는 데 성공했지만, 여전히 아프리카를 비롯한 수많은 빈곤 국가에서는 아사가 만연하다. 2023년 6월 영국의 BBC는 북한 주민들이 기아로 사망하는 사례가 발생하고 있다고 보도했다. 주민들이 식량 부

족으로 인해 굶주리고 있으며, 일부 지역에서는 실제로 많은 사람이 죽고 있다는 증언도 나왔다.[4]

그럼에도 유발 하라리가 인류에게는 불멸과 행복과 신성이라는 새로운 꿈이 있다고 말하는 것은 기억할 만하다. AI 시대의 인류는 오래, 즐겁게, 신처럼 살고 싶은 마음을 가지게 되었다. AI가 발전하는 시대에 이렇게 생긴 새로운 욕망은 새로운 일자리를 만들고, 그것은 다시 인류를 발전으로 나아가게 하는 새로운 원동력이 될 것이다.

지금까지 지적 자본의 맥락에서 우리가 어떤 가치를 확충해야 할지 살펴보았다. 그리고 이를 바탕으로 인간이 이타적인 욕망을 품게 된다면, AI라는 기술은 이를 더 빠르고 확실하게 실현해줄 가장 좋은 도구로써 우리의 곁에 자리하게 될 것이다.

3부

인공과 자연 지능
이해에서
얻는 삶의 지혜

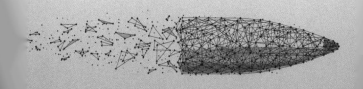

ife With Intelligence

AI 기술의 발전 속도는 놀랍지만, 그 예측은 과학에 기반해야 한다. 정확한 전망을 위해서는 근거와 이론에 기반한 냉정한 분석과 현실적인 접근이 반드시 필요하다.

극적인 변화

문명에 자신을 투영하는 인간

"인간은 문명에 자신을 투영한다.

Humans project themselves onto civilization. "

그리스의 AI 박사이자 소설가인 조지 자카다키스George Zarkadakis는 자신의 책 『우리만의 고유한 이미지로In our own image』에서 이와 같은 말을 남겼다. 이 책의 표지는 책의 내용을 관통하듯 직관적으로 구성되어 있다. [그림5]를 보면

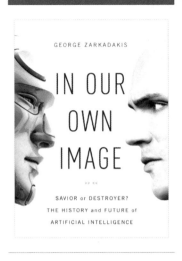

GEORGE ZARKADAKIS

IN OUR
OWN
IMAGE

>> <<

SAVIOR or DESTROYER?
THE HISTORY and FUTURE of
ARTIFICIAL INTELLIGENCE

왼쪽에는 로봇으로 보이는 형태의 측면을 배치하고, 오른쪽에는 사람의 측면을 배치해 서로 마주보는 형태로 디자인했다. 즉, 인간은 자신이 만든 문명에 자기 자신을 투영한다는 것을 한눈에 보여주고 있는 것이다.

이런 모습이 단적으로 드러나는 책이 바로 성경이다. 성경의 「창세기」를 읽어보면 하나님이 인간을 흙으로 창조했다고 쓰여 있다. 이 이야기는 인간이 죽으면 흙으로 돌아가는 것에서 비롯되었을 수도 있지만, 창세기가 쓰였을 당시의 시대 배경을 고려해보면 그보다 좀 더 논리적인 추론이 가능하다.

창세기를 쓸 당시에는 문명을 이루는 주재료가 '흙'이었다. 대부분의 사람이 흙으로 만든 그릇을 쓰고, 흙으로 지은 집에 살았다. 식량 생산을 위한 가장 중요한 경제적 수단은 땅에 의존하는 농사였다. 따라서 당시대인들은 신이 가장 중요한 자원인 흙으로 인간을 빚었을 것이라고 생각했을 것이다. 『우리만의 고유한 이미지로』에는 이와 유사한 논리로 태엽에 대해서도 설명하고 있다. 태엽은 감은 만큼 돌아가고 회전이 다하면 멈춘다. 태엽을 보면서 인간은 자신들의 유한한 생명을 태엽에 투영해 '태엽과 같은 인생'이라는 비유를 만들게 되었다.

지금은 흙의 시대도 아니고, 태엽의 시대도 넘어선 디지털 시대다. 유발 하라리 역시 AI를 의인화해서 AI가 결국 사람처럼 발전하고 인간은 디지털화할 것이라고 예측하기도 한다. 하지만 이것 역시 우리가 만든 디지털 문명에 인간을 투영하는 오류에 불과하다. 오픈AI를 만든 샘 알트먼Sam Altman도 "AI를 의인화하거나 생물화해서는 안 된다."고 이야기했다.

AI 시대에 가장 중요한 교육 중의 하나는 AI는 인간이 아니라는 것을 어려서부터 인지시키는 일이다. 인간은 곰 인형에도 사랑을 주고, TV가 지지직거리면 탕탕 치며, 화가 나면 자동차에도 발길질을 한다. 이렇게 인간은 의인화에 취약하다. 정말 AI가 의식을 가질지는 알 수 없지만, 아직 의식이 없는 AI를 사람들이 철저히 기계로 여기도록 교육해야 하고, AI를 서비스하는 회사들은 인간의 의인화 경향과 착각을 조장하지 않아야 한다.

AI에 대한 의인화를 줄이려면 AI 활용 교육만으로는 부족하며, AI가 코드를 통해서 만들어지는 과정도 이해해야 한다. 학교에서 AI 제작 교육을 받는다면, AI는 그저 기계일 뿐이라는 점을 분명히 인식하게 될 것이다.

이번 3부에서는 투영의 오류에서 벗어난 올바른 AI의 정의를 이야기하고, 이를 바탕으로 인간이 AI를 어떻게 활용해야 할지 하나씩 알아볼 것이다.

성공적인 목표로 향하게 하는 지능

미국의 제임스 알버스James S. Albus 박사는 1990년대에 발표한 「지능 이론의 개요Outline for a Theory of Intelligence」라는

논문에서 "지능이란 성공적인 행동을 산출하는 것으로 정의된다."라고 이야기했다. 일반적으로 지능이라 하면 '생각thinking'이라는 요소가 개입된다고 여기는데, 제임스 박사는 자연 지능과 인공지능에 함께 사용될 수 있는 지능을 정의하는 과정에서, 지능은 결국 '행위를 산출producing actions'하는 것으로 파악한 것이다.

제임스 박사가 말한 지능을 조금 더 알기 쉽게 비유를 들어 설명해보자. 개미에게는 지능이 있을까, 없을까? 움직이는 개미를 건드리면 생명의 위협을 느끼고 사람의 손을 피해 이리저리 도망간다. 여기에서 개미의 지능은 외부의 공격을 피해 효과적으로 도망가는 것으로 작동한다. 만약 잘못해서 사람에게 잡힌다면 그것은 개미의 지능이 실패한 것이다. 개미의 지능은 다른 동물 또는 곤충에게 잡아먹히지 않고 잘 도망갈 수 있도록 진화되어왔을 것이다.

이러한 지능은 행동하는, 즉 움직이는 동물에게만 존재한다. 움직이지 않고 가만히 있는 식물에게는 지능이 없다. 동물은 생존과 번영을 위해 끊임없이 움직이며 행동해야 하는데, 그 과정의 성공을 이끄는 것이 지능이다. 결국 지능에서 가장 중요한 점은 어떤 행동이 성공으로 이어지는 원인이 되어야 한다는 것이다. 즉, 목적 달성 여부가 가장 중요하다. 인생의 성공이라는 것도 자신의 목표를 달성하는 데 달려 있다. 좋은 AI를 만들기 위해서도 목표 설정이 선행되어야 한다.

그런데 목표 설정에서는 어떤 가치를 따를 것인가에 따라 다른 결과가 도출된다. 많은 사람이 옳은 가치, 혹은 의미 있는 가치라고 판단한 것에 기반해 AI에도 목표를 설정할 것이기 때문이다. 그러므로 AI를 발전시킨다는 목적 아래 인류의 기존 가치를 희생하는 것은 주객이 전도된 것이다. 목표를 달성한다는 것은 목표를 최적화한다는 의미이며, 그 목표는 인류에게 도움이 되는 가치여야 하기 때문이다. 우리가 끊임없이 인문적 사유를 해야 하는 이유가 바로 여기에 있다.

그렇다면 본질적인 질문을 하나 던져보자. AI란 무엇인가? 뒤에서 더 자세히 설명하겠지만, 우리가 지능을 오해했던 것처럼 AI에 대해서도 오해하는 점은 AI

를 단순히 '인간을 닮은 지능'을 만든다고 생각하는 것이다. 사실은 그렇지 않다. AI는 사람이 의도적으로 만든Artificial 지능Intelligence으로, AI의 반대말은 영어로 '자연적인 지능natural Intelligence'이다. 인공지능은 Human-Like Intelligence가 아니라 Human(人)-Made(工) Intelligence라는 사실을 반드시 명심하자.

앞서 자카다키스의 책에서 나온 것처럼 인간은 사물에 자신을 투영하는 성향을 가지고 있지만, 그렇다고 해서 굳이 인간과 똑같이 생긴 기계를 만들 필요는 없고, 실제로도 인간과 똑같을 수는 없다는 점을 기억해야 한다.

배우면서 발전하는 머신 러닝의 가능성

AI를 공부하면서 반드시 짚고 넘어가야 하는 또 하나의 개념은 '머신 러닝Machine Learning', 기계 학습이다. 학습learning이란 태도의 변화change in attitude이며, 태도란 자극이 들어왔을 때 반응하는 양식a way of response to stimuli을 의미한다. 즉, 학습을 풀어보자면 자극에 반응하는 양식의 변화로, 이 정의를 기계에도 동일하게 대입하면 머신 러닝의 정의도 도출해볼 수 있다.

머신 러닝의 가장 정확한 정의는 카네기멜론대학교의 톰 미첼Tom Mitchell 교수가 1997년에 출간한 책 『머신 러닝 Machine learning』에서 찾아볼 수 있다. 이 책에서 그는 "컴퓨터 프로그램이 어떤 작업 T에 대하여 성능 P가 경험 E로 향상되면 '학습한다'라고 한다."라고 정의했다.

예를 들어, 새로운 로봇 청소기를 구매해서 작동시킨다고 가정해보자. 이 청소기가 처음에는 바닥만 훑으면서 청소를 하다가 사용 기간이 길어지면 알아서 물걸레질을 하는 법을 배우고, 얼룩까지 확인하고 지워주는 식으로 점점 발전하게 된다면 어떨까? 지금 대부분의 로봇 청소기는 이처럼 경험에 따라 알아서 성능이 더 좋아지지는 않는다. 머신 러닝이란 경험치가 쌓이면서 점점 발전해나가는 기계를 만드는 방법론이다.

여기에는 앞으로 무궁무진한 사업 가능성이 열려 있다. 세상의 모든 제품과 서비스, 지금 다니고 있는 회사에서 어떤 방식의 머신 러닝 개발 모델이 탄생할 수 있을지 고민해보자. 학습하는 로봇 청소기, 학습하는 티비, 학습하는 신발, 학습하는 자동차, 학습하는 조명 등 경험하면 할수록 성능이 올라가는 기계 장치는 앞으로 우리의 일상을 더욱 획기적으로 편리하게 바꿔줄 것이다.

4~5년 내에 인간 두뇌만큼 복잡한 기계가 나타난다

이제 AI 프로그램 중에 가장 많은 주목을 받는 챗GPT에 대해 살펴볼 것이다. 먼저 다음 문장에서 빈칸에 들어갈 단어가 무엇인지 맞혀보자.

"1. 동해물과 OOO이 마르고 닳도록 하느님이 OO하사 우리나라 만세
(후렴) 무궁화 OOO 화려강산 대한 OO 대한으로 OO 보전하세.
2. OO 위에 저 소나무 철갑을 OO 듯 바람서리 OO함은

우리 기상일세.

3. 가을하늘 OO한데 높고 구름 없이 OO 달은 우리 OO 일편단심일세.

4. 이 OO과 이 맘으로 충성을 다하여 괴로우나 즐거우나 OO OO하세."

〈애국가〉의 1절부터 4절까지 가사를 나열한 것이다. 아마 한국인이라면 빈칸에 어떤 단어가 들어가는지 모르는 사람은 거의 없을 것이다. 지난 수십 년간 학습한 결괏값이 머릿속에 이미 입력되어 있기 때문이다.

챗GPT의 원리는 바로 이와 같다. 챗GPT는 전 세계에 있는 모든 인터넷 문서에 랜덤하게 공란을 만들고, 대용량 반도체인 GPU를 활용해서 공란에 대한 정답을 학습하는 거대 AI 모델이다. 처음에 AI는 계속해서 오답을 내놓지만, 반복 학습을 하는 과정에서 파라미터가 조금씩 조정되면서 점점 정답을 찾아가고 시간이 지날수록 정답률은 빠르게 높아진다(머신러닝의 정의와 같이, 경험에 따라 점점 성능이 올라가는 것이다). 이러한 형태의 AI를 '초거대 언어 모델LLM,

Large Language Model '이라고 이야기한다.

이러한 LLM의 파라미터 수는 현재 약 1조~2조 개가량이며, 1년에 네 배씩 증가하고 있다. 인간의 뇌에는 약 100조~1,000조 개의 시냅스(AI에 비유하면 파라미터. 인간은 약 1,000억 개의 뉴런이 있고, 뉴런당 약 1만 개의 시냅스가 있다.)가 있다고 보고 있으므로 앞으로 3~5년 후면 AI도 100조 개의 파라미터를 갖는 컴퓨터로 발전하면서 인간의 두뇌와 복잡도가 유사해질 것으로 전망하고 있다. 이때가 바로 수많은 공학가와 AI 전문가가 말하는 '특이점'이다.

그러나 파라미터 수가 시냅스 수와 비슷해진다고 해서 AI가 인간의 뇌와 동일한 기능을 할 것이라고 단정할 수는 없다. 인간의 뇌는 단순히 시냅스 숫자만이 아니라, 뉴런 간의 복잡한 연결망과 다양한 화학적·전기적 신호 전달 방식에 따라 작동한다. 반면 AI는 수학적 모델을 기반으로 한 계산 방식이다. 즉, 양적인 유사성(파라미터 수)이 질적인 유사성(지능의 수준)을 보장하지는 않는다는 뜻이다. 결론적으로 초거대 AI가 100조~1,000조 개의 파라미터를 갖추게 되더라도 이는 인간 뇌와 양적인 유사성을 가질 뿐이며, 질적인 측면에서는 여전히 차이가 존재한다.

챗GPT는 언어 모델 중의 하나다. 언어 모델은 n개의 단어(또는 토큰)가 주어졌을 때 n+1번째 단어를 생성하는 기계다. n개의 단어를 어떻게 집어넣는가에 따라 기계의 성능 또한 달라진다. 재미있게도 인간 역시 이와 같은 언어 모델의 특성을 가지고 있다. '대한 독립'이라는 말을 들으면 그다음에 '만세'라는 말이 자연스럽게 따라 붙고, "How are you?"라는 물음에는 "Fine. Thank you. And you?"라는 답을 세트처럼 기억한다. "How are you?"라는 네 개의 단어를 선생님이 주었을 때, 콤마와 물음표까지 포함해서 "Fine. Thank you. And you?"라는 총 여덟 개의 단어(토큰)를 생성하는 것이 언어 모델의 원리다.

이와 같은 원리로 챗GPT 역시 n개의 단어를 집어넣으면 n+1번째의 단어를 생성하고, 이를 다시 집어넣어 n+2개의 단어를 생성한다. 그러다 더 이상 단어를 생성할 필요가 없다고 판단하면 생성을 끝낸다.

그런데 여기에는 정말 놀라운 점이 하나 있다. 현재 고성능의 언어 모델들은 100만 토큰까지 입력이 가능하다.

한국어로 치면 100만 글자까지 입력이 가능한 것이다. 인간은 이제 100만 글자로 명령을 내릴 수 있는 기계를 확보하게 되었다. 따라서 AI에게 어떻게 질문을 던질 것이냐가 새로운 화두로 떠올랐다. 질문 방식에 따라 AI가 대답을 잘 내놓을 수도, 그렇지 못할 수도 있다. 인간에게 가장 중요한 능력이 창의적으로 질문하는 방식, 즉 크리에이티브 퀘스처닝creative questioning이 된 것이다. 인간은 그동안 인간 사이에서 그리 길지 않은 말로 질문을 해왔는데, AI에게는 훨씬 더 긴 질문이 가능하다. AI라는 좋은 기술을 손에 넣는 것 못지않게 이 기술을 어떻게 활용(AI에 어떻게 질문)하느냐도 점점 더 중요해지고 있다.

2장

인간도 컴퓨터도 불완전하다

인간의 합리성은 허구다

AI를 활용하는 데 가장 중요한 인식은 인간도 컴퓨터도 불완전하다는 것을 인정하는 지혜다. 미국의 사회과학자이자 인공지능학자인 허버트 사이먼Herbert Simon 교수가 제한된 합리성을 주장하기 전까지 경제학에서는 인간이 모든 정보를 활용해 합리적인 최선의 의사결정을 할 수 있다고 가정했다.

그런데 현실적으로 인간이 아무리 애를 써도 정보를 수

집하는 능력, 의사결정에 걸리는 시간, 계산 능력 등의 한계로 인해 합리성은 제한될 수밖에 없다. 사이먼 교수는 이 같은 점을 지적하며 '제한된 상황에서의 의사 결정 모델'에 관한 이론을 발표해 1978년 노벨경제학상을 수상했다.

인간의 삶에는 항상 어떤 지점에서 멈추고 선택을 해야 하는 순간이 찾아온다. 결혼할 때, 집을 살 때, 입사할 때와 같이 인생의 중요한 결정이 있고, 그 외에도 점심 메뉴로 무엇을 먹을지, 주차를 어디에 할지와 같은 작은 순간의 고민과 결정도 허다하다. 특히 결혼처럼 한 번 선택하면 다른 선택지를 더 이상 고민할 수 없는 막다른 문제를 '최적 멈춤 문제optimal stopping problem'라고 한다.

회사에서도 이와 같은 선택의 문제를 자주 맞닥뜨린다. 이 문제에 최적화된 결정을 위한 대표적인 연구가 '비서 채용 문제The secretary problem'다. 어떤 회사에서 사장의 비서를 채용하기 위해 면접을 진행하기로 했다. 면접 예정자는 총 열 명이다. 아침 9시부터 30분 간격으로 한 명씩 면접을 보기로 하고, 만약 면접자가 마음에 들지 않으면 그 자리에서 바로 보내고 마음에 들면 최종 선택해야 한다. 여기에서 가장 최적의 선택은 무엇인지 연구한 것이 바로 이 문제의 핵심이다.

첫 번째, 두 번째 면접자는 채용 조건과 적합하지 않아 그 자리에서 불합격을 통보했다. 그다음 세 번째 면접자는 여러모로 조건이 괜찮아서 채용하고 싶었지만, 이 사람을 채용하면 네 번째부터 열 번째 사람이 더 좋은 능력을 갖추고 있더라도 채용 기회는 사라진다. 이때 세 번째 사람에서 면접을 끝내는 것이 최적의 선택인지 아닌지 기로에 놓이게 된다.

이에 대해 미국의 수학자인 메릴 플러드Merrill Flood는 1958년에 37퍼센트의 룰을 제시했다. 만약 오늘 100명의 사람을 면접 보기로 했다면 무조건 37명까지 보고 난 이후에 결정하라는 것이다. 앞서 말한 예시에 적용한다면 3.7명, 즉 네 명까지는 면접을 본 다음에 결정해야 최적에 가까운 선택이 가능하다. 네 명까지는 무조건 불합격시킨 다음, 네 명 중의 최고치를 기준으로 삼고, 다섯 번째 면접자부터 앞선 네 명과 비교하며 더 나은지 부족한지를 판단한다. 이후 더 나은 사람이 있으면 합격시키고 면접을 멈춘다.

브라이언 크리스천Brian Christian과 톰 그리피스Tom Griffiths가 공저한 『알고리즘, 인생을 계산하다』라는 책을 보면 실제로 이 이론을 바탕으로 결혼과 관련해 재미있는 선택을 한 사람들이 등장한다. 마이클 트릭Michael Trick이라는 사람은 결혼 적령기인 18~40살 사이에서 딱 37퍼센트가 되는 지점인 26세에 결혼하기로 마음먹고 실제로 26살에 만나고 있던 여자친구와 결혼했다.

케이플러Kepler라는 사람은 재혼을 위해 총 열한 명의 여성을 소개받았는데, 37퍼센트에 해당하는 네 명까지 만난 다음 모두 거절하고 앞선 사람들을 기준점으로 삼아 이후 다섯 번째부터 최적의 상대를 찾기 시작했다. 그런데 만나다 보니 욕심이 생겼는지 결국 열한 명을 모두 만난 다음 다섯 번째 상대자에게 구혼해 결혼에 성공했다고 한다.

그런데 현실적으로 사람들은 37퍼센트에 이르지 못하고 쉽게 지루함을 느낀다. 어느 정도까지 견딜 수 있는지 실험했을 때, 대체로 약 31퍼센트에서 멈추는 것으로 나타났다. 이 부분만 봐도 인간의 합리성이 얼마나 제한된 능력인지 드러난다. 좀 더 신중하게 이성적으로 판단할 만한 근거가 있음에도 상황과 감정, 그 외에 다른 요소들에 영향을 받아 최적화 결정에 실패하는 사례가 실제로 많이 나타나는 것이다.

AI 시대, 인간은 노동에서 해방될까?

불완전한 합리성의 문제는 인간에서만 그치지 않는다. 인간이 개발하는 컴퓨터와 AI도 합리성에 기반한 최적의 의사결정을 하는 데 한계가 있다.

컴퓨터 사이언스의 노벨상이라고 불리는 튜링 어워드Turing Award를 수상한 스티븐 쿡Steven Cook과 리처드 카프Richard Karp는 아무리 컴퓨터의 용량을 산술적으로 증가시킨다고 하더라도 최적해를 단시간에 구할 수 없는 문제들이 수두룩하다는 사실을 증명했다. 이것을 이론적인 용어로 'NP-Hardness, NP-Completeness'라고 하는데, 여기에서 NP란 'Non Polynomial'의 약자로 다항식이 아니라, '지수적exponential'이라는 것을 의미한다. 복잡성이 문제의 크기에 따라 폭발적으로 증가하는 문제라고 이해하면 된다. 이 이론에 따르면, 양자컴퓨팅과 같은 혁명적인 새로운 방법론이 대중화되기 이전에는 현재 최고의 AI도, 앞으로의 AI도 단시간 내에 풀 수 없는 복잡한 문제가 매우 많다는 의미다.

요즘 크게 각광받고 있는 딥러닝 방법론은 본질적으로 비선형 최적화로 최적의 결과를 도출할 수 있는 뾰족한 방법이 없다. 보통 오차의 제곱을 최소화하는 것이므로, 2차 함수를 최적화하는 것 같지만 그렇지 않다. 딥러닝의 수십, 수백 개의 계층을 통과하면서 로그나 지수함수, 삼각함수 형태의 활성화 함수까지 사용하고, 그것이 여러 파라미터와 곱해지면 매우 복잡한 함수의 모습을 띠게 된다.

이를 조금 더 쉽게 풀어보자면, 중고등학교 때 우리가 배운 3원 1차 방정식, 4원 2차 방정식이라 할 때는 변수가 겨우 세 개, 혹은 네 개인 방정식을 의미한다. 그런데 지금 AI가 다루는 것들은 파라미터의 개수가 무려 1조 개나 되며 매년 네 배씩 늘어나 4~5년 후에는 100조 개의 파라미터(변수)로 이루어진 매우 복잡한 비선형 수식을 최적화해야 하는 문제가 된다. 이런 상황에서는 애초에 최적화가 불가능하다.

결국 아무리 AI가 발전한다 하더라도 우리가 원하는 시간에 가장 최적화된 결과를 도출하기 어렵다는 사실은 명심해야 한다. AI가 모든 문제에 대한 정확한 해답을 내려줄 것이라고 기대해서는 안 된다는 말이다. 하지만 그 덕분에 생긴 빈틈은 인간에게 기회로 주어진다. AI의 오류를 인간이 채워줄 수 있으므로 모든 것을 AI에게 맡기고 인간은 쓸모없어질 것이라는 예측은 빗나가게 되는 것이다. 수학적 이해가 없으면 AI가 완벽해질 수 있다고 착각할 수 있지만 수학적 이해가 깊어지면, AI는 완벽해진다고 여길 수가 없다.

냉전시대에 활발하게 활동했던 오스트리아의 경제학자인 프리드리히 하이에크Friedrich Hayek와 루트비히 폰 미제스Ludwig von Mises와 같은 학자들은 공산주의가 널리 퍼지던 1930~1940년대에 '사회주의 경제 계산 불가능성The

Impossibility of Economic Calculation'이론을 다듬었다. 당시에는 수학과 과학, 컴퓨터가 점점 발전하고 있었으므로 세상의 복잡한 문제를 공산당원이나 공무원과 같은 엘리트 집단이 함께 모여 중앙 집중적으로 계산하면 적절한 해답을 도출해낼 수 있을 것이라는 낙관적인 희망이 있었다. 그런데 하이에크와 미제스는 이 의견에 반기를 들었다. 공산주의적인 발상은 실패할 수밖에 없고, 시장경제에서 교환과 협상, 흥정하는 메커니즘이 필요하다고 본 것이다.

이들의 예측대로 구소련은 1980년대 말부터 서서히 무너지기 시작했고 1991년 완전히 붕괴되어 역사 속으로 사라졌다. 소비에트 연합으로 묶여 있던 우크라이나, 우즈베키스탄, 카자흐스탄을 비롯한 동유럽 및 중앙아시아 국가들은 독립된 국가로 해체되면서 자유시장 경제를 도입했고, 여전히 공산주의를 표방하고 있는 중국도 덩샤오핑 이후로는 시장 경제 체제를 도입해 여러 국가와 교류하고 있다. 결과적으로 하이에크와 미제스의 주장이 맞았던 셈이다.

그런데 이후 30여 년이 지난 지금도 비슷한 이야기들이 계속해서 이어지고 있다. AI와 관련된 가장 낙관적인 희망은 AI가 벌어들이는 수입으로 인간은 더 이상 일하지 않고 기본 소득을 받으며 여가 생활을 즐길 수 있다는 것이다. 챗GPT의 아버지 샘 올트먼 역시 자신의 책 『샘 올트먼의 생각들』에서 "10년 내에 AI가 인간의 노동력을 전부 대체하고 미국 내 성인 2억 5,000만 명에게 연간 1,500만 원 상당의 기본 소득을 제공할 수 있는 부를 생산할 것."이라고 공언했다.

올트먼은 세상을 바꾼 천재지만, 이러한 그의 생각은 틀렸을 수도 있다. 과거 공산주의에서 엘리트 중심의 중앙 집중식 계획이 실패한 것처럼 AI의 발전에 따른 엘리트 중심의 중앙 집중식 계산에 따른 사회 문제 해결 역시 불가능할 확률이 높다는 뜻이다. 올트먼은 자신의 주장을 현실화하기 위해 홍채를 등록한 사람에게 가상화폐 '월드'로 기본 소득을 나눠주는 프로젝트를 시작했다. 이것이 과연 그의 계획대로 이루어질 수 있을지는 10년 후에 판가름이 날 것이다.

인간을 대체할 수 없는 AI

　안타깝게도 나는 올트먼과 생각이 다르다. 앞으로도 시장 경제 체제는 계속해서 유지될 것이며 기본 소득 구조는 등장하지 못할 수 있다. 먼저 다음 그림을 한번 살펴보자.

　[그림6]는 지능적 행위자가 외부 세계와 어떻게 상호작용하며 데이터를 수집하고 처리해 지식을 형성하는지 설명하는 모델이다. 행위자는 외부 세계로부터 다양한 자극(신호)을 감지하고, 지각 필터를 거쳐 경험과 사전 지식에

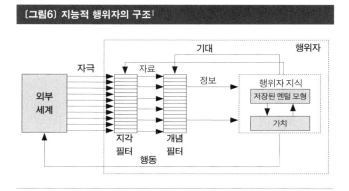

〔그림6〕 지능적 행위자의 구조[1]

따라 특정 신호를 선택적으로 받아들인다. 모든 자극이 데이터로 전환되는 것은 아니며 행위자가 중요하다고 판단한 신호만 필터링되어 데이터로 변환된다. 개념 필터는 데이터를 의미 있는 정보로 치환한다. 행위자는 이전에 축적한 지식을 바탕으로 세상에 대한 기대를 형성하는데, 이는 데이터를 해석하는 데 중요한 역할을 한다. 기대는 행위자가 어떤 데이터를 중요하게 여길지, 그리고 어떤 데이터를 무시할지를 결정하는 데 영향을 미친다. 이 과정에서 의미 없는 데이터는 제거되고, 남은 정보만이 지식으로 축적되어 멘털 모형에 들어가 행위자의 미래 행동을 만들어내고 행위자는 행동을 산출해 세계에 다시 영향을 미친다. 이때 멘털 모형은 주체가 형성하고 있는 가치에 따라 서로 영향을 주고받는다.

그런데 이 감각 필터와 개념 필터는 시스템마다, 사람마다 모두 다르다. 가족이어도, 친한 친구여도 성격과 성향, 가치관이 다른 이유는 행위자인 인간 내면의 지식 및 멘털 모델이 모두 다르기 때문이다. 내가 보는 세계와 옆 사람이 보는 세계가 다른 것과 마찬가지다. 마주 보고 있으면 서로의 반대편에 있는 세계만 보기 때문에 바라보는 풍경이 완전히 달라질 수밖에 없다.

하이에크는 19세기에 태어난 1세기 전에 활동한 경제학자지만, 『감각적 질서』라는 일종의 뇌과학 서적도 출간했다. 그는 이 책에서 인간의 인지 과정을 설명하기 위해 뇌가 네트워크로 구성되어 있다는 개념을 사용했다. 그는 뇌가 외부 세계에 대한 정보를 복잡한 신경망을 거쳐 처리한다고 보았다. 이 과정에서 뇌는 단순히 외부 자극을 수동적으로 받아들이는 것이 아니라 감각적 경험을 기반으로 한 질서를 형성한다고 주장했다. 하이에크는 인간이 외부 세계를 지각하고 처리하는 방식이 단순히 결정론적인 시스템에 의해 이루어지는 것이 아니라 네트워크 상호작용을 통해 창발적으로 나타난다고 설명했다.

그는 인간의 경험은 제한적이므로 각자의 삶에 적합하다고 생각하는 것만 인식하고 기억하며, 인간의 지식은 완벽하지 않고 주관적이라고 말한다. 하이에크는 이것을 감각적 질서라고 정의했다. 감각적 질서는 정리되지 않고 혼란스러워 보이는 외부세계에 대한 인간의 인식을 정리하는 하나의 시스템이다.

그는 인간이 가지고 있는 지식의 오류에도 불구하고 이 사회가 유지될 수 있는 비결은 이 제한된 지식을 서로 교환하고 협상하는 시장경제 덕분이라고 보았다. 시장이란 주관적이고 제한된 지식을 평가하고, 새로운 지식을 발견할 수 있는 최상의 메커니즘이라는 것이다. 그렇기 때문에 공산주의를 지향한 사람들의 주장처럼 엘리트 중심의 중앙 집중식 의사결정은 모든 사람을 똑같이 행복하게 만들어주지 못한다는 것이다.

경제학자들과 기술 전문가들 사이에서는 AI가 인간의 노동을 얼마나 대체할 수 있을지에 대한 의견도 분분하다. MIT 경제학과의 데이비드 오토David Autor 교수는 기술이 일자리를 파괴하면서도 생성한다고 보았다. 기술이 인가의 노동을 대체하기보다는 노동자의 역할을 재정의하고 새로운 직업을 창출하게 될 것이라는 실증적인 논문은 그를 비롯한 다수의 학자들에 의해 속속 발표되고 있다.

영원히 실수하는 AI

인간과 AI의 불완전함에 대한 마지막 설명으로 노벨경제학상을 받은 미국의 경제학자 케네스 애로Kenneth Arrow 교수의 이론을 살펴보자. 애로 교수는 우리가 바람직하다고 여기는 의사결정의 기준을 모두 만족시키는 의사결정 메커니즘은 만들 수 없다는 '불가능성 정리Impossibility Theorem'를 주장했다.

다시 말하자면 모든 바람직한 기준을 동시에 만족시키는 집단적 의사결정 메커니즘은 만들 수 없다는 의미다. 이것은 공정, 합리, 민주적 의사결정 메커니즘 설계에 본질적인 어려움과 한계가 존재하기 때문에 모든 개인의 선호를 공정하게 반영한, 일관된 결정을 내릴 수 없다는 것을 증명한다. 이는 더 나아가 AI가 아무리 발전하고 특이점이 온다고 하더라도 모두가 완전히 합의하는 이상적인 의사결정은 불가능하다는 우울한 결론으로도 이어진다.

따라서 허구에 불과한 완벽한 의사결정에 집착하기보다는 불완전한 의사결정을 어떻게 보완할 것인가가 훨씬 더 중요하다. 결국 초지능이나 AGI 역시 모든 사람에게 공정하고 완벽한 의사결정 시스템으로 만드는 것은 이론적으로 불가능하다. 그렇다면 어떠한 기준이나 원칙을 따라야 할지에 대한 심도 깊은 토론이 필요하다. 초지능이나 AGI의 개발 및 배치와 관련해 정책 결정자들은 다양한 이해 관계자의 선호와 가치를 효과적으로 조정하고 반영할 수 있는 제도와 정책을 마련해야 한다. 결국 앞으로 법치주의, 민주주의, 자유시장 경제의 원칙이 더욱 중요해질 것이다.

한 번 더 강조하자면, 인간과 기술, AI는 모두 불완전하다. AI는 인간이 그런 것처럼 아마도 영원히 실수를 반복할 것이다. 완전 무결하고 영원 불멸하게 유지되는 기계 장치는 없다. 하지만 AI와 기계의 이러한 단점은 오히려 인간에게 축복이다. AI가 불완전하고 실수할 가능성이 남아 있는 한 인간의 역할은 사라지거나 대체되지 않을 것이기 때문이다.

'엘리트끼리의 중앙 집중적 의사결정'이 아니라 개인의 '흩어진 지식'을 활용해서 얻는 이익의 총합이 크다는 진리를 늘 되새겨야 한다. 사람마다 감각 기관도, 살아온 배경도 다르기 때문에 시장에서의 흥정·타협·교환은 필수적이다. 뛰어난 단일 AI가 나오더라도 인류의 의사결정을 완벽하게 대체하기는 어렵고 그래서도 안 된다. AI도 데이터를 한 군데에 끌어모으는 형태로 만들어지는 것이 아니라 흩어져 있는 개인과 조직의 데이터를 각자의 참여 의사결정을 통해 연합 학습된 AI로 개발하는 데 사용하고, 이렇게 개발된 AI가 다시 각자의 AI로 맞춤화, 개인화되는 형태로 발전해나가야 할 것이다.

불완전한 AI를 활용하는 방법

준비된 사람에게 찾아오는 세렌디피티

앞에서도 한 번 언급한 비비의 〈밤양갱〉은 사실 내가 정말 좋아하는 곡이다. 어느 날 이 음악을 듣다가 한 가지 궁금증이 생겼다. 이 노래의 작곡가가 장기하라고 들었는데, 혹시 장기하가 작곡하고 아이유가 부른 곡도 있을까? 그래서 챗GPT에게 "장기하가 작곡하고 아이유가 부른 노래가 있어?"라고 물어봤다. 그러자 다음과 같은 대답이 돌아왔다.

"장기하가 작곡한 아이유의 노래는 〈잼잼〉입니다. 이것은 2017년 앨범 《Palette》에 수록되어 있습니다."

그러나 이는 사실이 아니었다. 장기하 작곡, 아이유 노래의 곡은 발매된 적이 없었다. 이처럼 LLM이 잘못된 정보를 사실인 것처럼 알려주는 것을 '환각hallucination 현상'이라고 일컫는다.

챗GPT가 막 유행하기 시작했을 때, 소셜미디어상에는 이 같은 환각 현상을 이용한 유머 글이 많이 올라왔다. "이순신 장군이 사용한 광선검이 어떤 종류였는지 알려줘." 같은 식으로 애초에 성립되지 않는 문장을 만들어 질문해도 챗GPT는 아주 성실하게 근거까지 찾아서 보여주곤 했는데, 당연하게도 대부분은 잘못된 자료를 조합한 틀린 정보였다.

챗GPT뿐만이 아니다. 클로드-3도 똑같은 현상을 보인다. 클로드-3에게 허구의 브랜드인 "허씨 초콜릿에 대해서 알려줘."라고 질문하자 '허씨 초콜릿'이라는 브랜드의 역사와 대표 상품, 대중에게 어느 정도의 인기가 있는지를 구체적인 자료까지 찾아가며 길게 풀어낸다. 하지만 전부 틀린 내용인 환각이다.

이러한 환각을 이론적으로 전부 없애는 것은 불가능하지만, 공학적으로는 크게 줄일 방법이 있고, RAG, 스캐폴딩 등의 방법으로 점점 완화되고 있다. 그리고 퍼플렉시티와 같이 검색과 AI를 결합해 환각을 줄이고, 출처를 명시하는 서비스도 각광받고 있다.

앞서 살펴본 환각 현상은 모든 언어 모델에서 나타나는 공통적인 특징이다. 현재 언어 모델은 대부분 '자동회귀Auto-Regressive' 모델이다. 자동회귀 모델이란, n개의 단어를 집어넣으면 n+1번째 단어가 도출되고, 이 n+1번째 단어를 AI가 자동으로 다시 집어넣어 n+2번째 단어를 생성하는 방식을 말한다. 따라서 초기에 입력된 단어가 틀리면 계속해서 엉뚱한 방향으로 대답이 도출될 수밖에 없다.

현재 LLM에는 이와 같은 실수가 빈번하게 일어난다. 여기에 인간이 비판적 사고로 개입할 여지가 생긴다. AI에게 던지는 질문의 구성도 중요하지만 동시에 AI가 내놓은 답을 어떻게 비판적으로 검토할 것이냐 역시 점점 더 중요해지는 것이다.

우리 연구실 AI-BM.net에서는 피실험자의 영수증을 분석해 이 사람이 다음에 구매할 가능성이 높은 물건을 추천하는 AI를 개발했는데, 환각 현상과 관련해 재미있는 결과가 나온 적이 있다. 어떤 사용자가 최근의 식사 메뉴로 오리지널 치킨, 땡초 김밥, 만두, 더블 불고기 피자와 같은 음식을 주문했다. 그러자 AI 시스템은 이를 바탕으로 이 사람의 다음 식사 메뉴가 '로제 치킨 세트'일 것이라고 예상했다. 그런데 당시 로제 치킨은 세상에 존재하지 않는 메뉴였다. AI가 환각 현상에 빠진 것이다. 이 결괏값에 처음에는 당황했지만, 이를 바탕으로 DB에서 그와 비슷한 로제 떡볶이를 추천해줄 수는 있었다.[2]

그런데 더 재미있는 결과는 그다음에 일어났다. AI는 로제 치킨 이외에도 제육 토스트, 낙지 크림 스파게티와 같은 메뉴들을 연달아 추천했다. 이런 메뉴들은 시판되고 있지는 않았지만, 인터넷에 검색해보면 블로그나 문서에 레시피는 존재했다. 그리고 이 연구를 우리와 함께 진행한 BBQ 치킨은 실제로 로제 치킨 세트를 만들어 출시했다. 결국 AI의 실수를 인간의 브레인스토밍 아이디어처럼 신

상품 개발에 차용한 좋은 사례로 남은 것이다. 아마 이와 비슷하게 제육 토스트나 낙지 크림 파스타도 언젠가는 신제품으로 출시될 수 있을지 모르겠다.

이처럼 위험이 낮은 분야에서 AI의 실수는 '세렌디피티serendipity', 즉 운 좋은 발견이 된다. 나는 세렌디피티란 신성divinity과 인간성humanity 사이, 우연coincidence과 필연inevitability 사이, 행운fortune과 노력efforts 사이, 마술magic과 공학engineering 사이에 놓인 어떤 것이라고 생각한다.

이처럼 인간은 AI를 이용한 R&D과정에서 AI가 실수처럼 만들어낸 것을 새로운 지식과 아이디어를 창출하는 소스로 사용할 수 있다. 대표적인 예로 단백질 구조 분석 프로그램을 들 수 있다. 알파폴드AlphaFold는 알파고를 만든 딥마인드DeepMind사가 개발한 단백질 구조 예측 프로그램이다. 단백질 구조 분석은 아미노산으로 이루어진 단백질이 얽히는 모양에 따라 성질이 달라지는 것을 이용해 동식물의 생리작용을 이해하는 단초로, 처음 이 구조를 발견한 미국의 생화학자 크리스천 앤핀슨Christian Anfinsen은 1972년에 이 연구로 노벨화학상을 받았다. 이후 복잡한 단백질의 구조를 밝히기 위해 끊임없는 연구가 이루어졌지만, 2018년까지 인간이 밝혀낸 구조는 전체 단백질의 단 1퍼센트에 불과했다.

그러다 2018년, 알파폴드가 공개되면서 대변혁이 일어났다. 알파폴드는 이전까지 수개월에서 수년까지 걸리던 단백질 분석 시간을 단 몇 분으로 압축했다. 하지만 딥마인드사는 코드와 논문을 공개하지 않아 구체적인 분석 방법은 베일에 가려져 있었다.

그리고 이후 여러 과학자의 연구가 거듭된 끝에 워싱턴 대학교 의과대학의 데이비드 베이커David Baker 교수와 백민경 박사팀이 로제타폴드RoseTTAFold라는 단백질 분석 프로그램을 개발하면서 단백질 구조 분석은 한 번 더 도약을 이루었다. 2024년 노벨화학상은 알파폴드를 개발한 딥마인드의 데미스 하사비스Demis Hassabis와 존 점퍼John Jumper, 그리고 로제타폴드를 개발한 데이비드 베이커에게 돌아갔다. 이처럼 AI 비전공자와 AI 전공자가 경쟁 협력하며 세렌디피티를 만들어내고 있는 것이다.

프랑스의 미생물학자인 루이 파스퇴르Louis Pasteur는 "행운은 준비된 자에게만 온다."라는 말을 남겼다. 이 말은 곧 "세렌디피티는 준비된 사람에게만 온다."라는 문장으로도 바꿔볼 수 있다. 급변하는 시대에 행운을 붙잡기 위해서는 늘 준비된 마음으로 매일 실천을 거듭해야 한다.

혼자서 이길 수 있는 농구 경기는 없다

불완전한 AI를 보완할 수 있는 또 하나의 방법은 '앙상블Ensemble'이다. 앙상블은 주로 클래식, 재즈 음악 등에서 여러 연주자들이 함께 연주할 때 사용된다. 프랑스어로 '조화'나 '통일'을 의미하며, 음악에서는 합주나 합창을 뜻한다. AI 분야에서는 어떤 문제 해결을 위해 여러 모델을 동시에 검토하는 것을 의미한다. AI가 불완전하다는 말은 어떤 모델도 완전하지 않다는 뜻이므로 더 정확한 결괏값을 위해서는 여러 모델을 사용할 필요가 있다.

넷플릭스 프로그램 중에 NBA의 전설적인 농구선수 마이클 조던의 전성기를 다룬 〈마이클 조던: 더 라스트 댄스)라는 장편 다큐멘터리가 있다. 이 내용은 얼핏 조던에게만 초점을 맞춘 성공담처럼 보이지만, 실제로는 그가 속해 있던 시카고 불스의 단장 제리 크라우스Jerry Krause, 그리고 함께 열정을 불태우며 승리의 영광을 만든 선수들을 모두 조명하는 이야기다. 경기에서 이기기 위해서는 우수한 선수 한 명을 키워내는 것도 중요하지만, 결국 팀을 이끄는 감독이나 구단주가 어떤 전략으로 가장 훌륭한 팀워크를 끌어낼 것인가가 성공의 핵심이라는 내용을 담고 있다. 한국 드라마 〈정년이〉도 주인공 윤정년이 자신의 재능과 노력을 극단의 성공을 위해 조화롭게 사용하는 과정을 잘 묘사하고 있다.

하나의 AI 모델이 세상의 모든 문제를 해결할 수 있다는 생각은 허상이다. 뛰어난 축구 선수인 이강인도 혼자 경기를 뛰면서 월드컵 우승을 가져올 수는 없다. 이강인의 천재성이 한국 축구 대표팀 전체와 어떻게 앙상블될 것인가가 관건이다. AI를 앙상블한다는 것은 유저가 감독 혹은 코치가 되어 다양한 AI를 가장 효율적으로 조합해내야 한다는 뜻이기도 하다.

우리 연구소에서도 이와 같은 연구를 진행한 적이 있다. 2004년 이화여대 데이터사이언스학과의 신경식 교수님과 함께 「여러 개의 뉴럴 네트워크 모델을 사용한 부도 예측 모델링」이라는 제목으로 기업의 부도 예측을 연구했고, 여러 개의 AI 모델을 앙상블했을 때 훨씬 더 정확한 결괏값이 도출되었다.[3]

2017년에는 「금융 시장 예측을 위한 앙상블 접근」이라는 제목으로 주가지수 선물이나 환율에 투자하는 AI 시스템에 앙상블 모델을 사용했을 때 성능이 더 좋아졌다는 결과를 담은 논문을 발표하기도 했다.[4]

GPT-4도 GPT-3.5 모델의 앙상블이라는 소문이 있다. 결과적으로 우리는 복잡한 문제를 해결하기 위해 여러 AI가 협력하도록 해야 한다. 복잡한 작업이나 문제를 다루기 쉬운 작은 부분으로 나눈 뒤, 각각을 전문화된 AI에게 맡겨 처리하게 하는 것이다. 예를 들어, AI 모델에게 단순히 문제 해결을 요청하는 대신, 한 모델에게는 공격적인 접근을 계획하게 하고, 다른 모델에게는 해결 방안을 제시하도록 하며, 또 다른 모델에게는 그 방안을 비판하게 할 수 있다. 코딩 문제도 이런 방식을 통해 GPT-3.5가 GPT-4보다 더 나은 결과를 도출하기도 한다.

낙관적이되 현실적인 에이스타 알고리듬 만들기

불완전한 AI를 활용하는 세 번째 방법은 AI의 도움을 받아 점진적으로 개선하는 것이다. 이런 관점의 연장선에서 에이스타 알고리듬A＊Algorithm 을 설명해보려고 한다.

AI에는 딥러닝 알고리듬만 있는 게 아니다. 그에 못지않게 중요한 AI의 연구 분야 중 하나는 탐색이다. 탐색은 일상생활에서도 자주 사용된다. 예를 들어, 내가 새로운 맛집을 찾아간다고 했을 때, 먼저 지도 앱을 켜고 어떤 교통수단을 이용해 어느 방향으로 갈지 찾아보게 된다. 즉, 탐색이란 목표를 설정하고 현재 상태에서 목표 상태까지 도달할 때 그 경로의 비용을 최소화하는 것이다.

아마 많은 사람이 숫자 퍼즐을 맞춰본 적이 있을 것이다. 이것은 어지럽게 섞인 숫자 판을 빈칸으로 하나씩 움직이면서 원래대로 정렬하는 게임으로, 로직을 판단하는 약간의 지능만 있다면 누구나 쉽게 풀 수 있다. AI가 이것을 맞추려면 탐색search이라는 기능을 활용해야 한다.

탐색에는 여러 가지 종류가 있다. 가장 먼저 '맹목적 탐색blind search'은 가능한 모든 경로를 정보 없이 탐색하는 방법을 의미한다. 일반적으로 문제 해결에 필요한 정보가 전혀 없을 때 사용된다. 맛집을 찾아갈 때, 일단 아무 버스를 탄 다음 맞는 것 같으면 내리고, 주변을 둘러본 다음틀린 것 같으면 또 다른 버스를 타고 가다가 내리는 식으로 목표 지점을 향해 가는 것이다. 이 방법으로는 당연히몇 날 며칠이 걸려도 목표 지점에 도달하기 어렵다.

'이진 탐색binary search'도 대표적인 탐색 방법이다. 어떤축구 경기의 하이라이트 동영상에서 골을 넣은 시점을 찾는다고 해보자. 이때 가장 먼저 동영상의 중간 지점을 클릭해서 살펴보고, 점수판에 변화가 없으면 다시 그 뒤 지점에서 가운데쯤을 클릭한다. 이렇게 몇 번의 시도로 가장정확한 위치를 찾아낸다. 이처럼 이분법적으로 사고하며목표 지점을 찾아가는 것을 이진 탐색이라고 한다.

맹목적 탐색 중에는 '양방향 탐색bidirectional search'이 있다. 이것은 미로에서 길찾기를 할 때, 입구에서 출구까지 한 방향으로 길을 탐색하는 것이 아니라, 입구에서 출구로 가는 동시에, 출구에서 입구로도 함께 파고 들어가는 방식의 탐색을 말한다.

'깊이 우선 탐색Depth-First Search', '너비 우선 탐색Breadth-First Search'이라는 것도 있다. 높은 건물 어딘가에 있는 사람을 찾는다고 가정할 때, 누군가는 1층부터 모든 방을 꼼꼼하게 하나씩 확인하는 전략, 누군가는 엘리베이터를 타고 가장 높은 층까지 올라간 다음 내려오면서 찾는 전략 등 다양한 방식을 사용할 것이다. 이처럼 가장 먼 곳에서부터 거꾸로 탐색하는 방식은 깊이 우선 탐색이고, 가까운 곳부터 전부 훑어가며 탐색하는 방식은 너비 우선 탐색이다. 이들도 모두 맹목적 탐색에 속한다.

맹목적 탐색과 대별되는 것으로, '정보 활용 탐색Informed Search'이 있다. 정보 활용 탐색은 정보를 받아 효율적으로 움직이는 것을 말하는데, '탐욕적 탐색Greedy Search'과 '에이스타 알고리듬' 등으로 나뉜다. 탐욕적 탐색은 현재 위치에서 단기적으로 제일 나아 보이는 곳으로 이동하는 것이다. 단기적 욕망에 따라 행동하다 보니, 장기적으로는 최적의 결과가 나오지 못할 위험이 있다. 방에 들어오자마자 옷을 벗어서 아무 데나 두면 당장은 제일 편하지만, 이 일이 매일 반복되면 방은 어지러워지고 입고 싶은 옷을 찾지 못할 때가 많아지는 것과 같은 이치이다.

늘 최적의 해를 보장하는 방법은 에이스타 알고리듬이다. 에이스타 알고리듬이란 지금까지 발생한 비용과 앞으로 발생할 비용을 추정하는 함수를 사용하면서, 이 두 함수값을 더한 값이 가장 작은 곳부터 먼저 탐색하는 방식이다. 그런데 이 과정에서 앞으로 발생할 비용을 추정할 때, 실제 발생할 비용보다 늘 작게, 즉 낙관적으로 추정하는 방식으로 탐색하다 보면 언젠가는 최적해를 구할 수 있다는 것이 증명되었다.

이런 원리는 우리 인생에도 동일하게 적용된다. 삶에서 어떤 목표를 정하고 그 길을 따라갈 때, 분명 예상치 못한 수많은 난관과 문제가 발생할 것이다. 비록 어려움이 뻔히 보이더라도 지레짐작하고 포기하기보다는 조금 더 낙관적인 추정을 해보자. 그러다 보면 어느 순간 자신이 목표한 지점에 쉽게 도달할 수 있다.

물론 그렇다고 해서 실제 발생할 비용보다 추정치를 너무 낮게, 즉 너무 낙관적으로만 잡아서는 안 된다. 모든 일을 긍정을 넘어 낙천적으로만 생각하다 보면 돈키호테처럼 무모해지고 우스꽝스러워질 수밖에 없다. 향후 비용을 추정하는 함수가 두 개 있다고 할 때, 그 추정 함수는 실제 들어갈 비용보다 늘 작게 할 필요가 있는 동시에, 두 함수 가운데 더 큰 것을 쓰는 것이 실제 발생할 비용과 더 가까우므로 정답을 가장 효과적으로 빨리 찾는다는 것이 증명되었다. 낙관적이되 현실적이어야 하는 이유가 이미 수학적으로 증명된 것이다.

예제를 한번 살펴보자. [그림7] 왼쪽에는 시작 상태가, 오른쪽에는 목표 상태가 나와 있다. 여기에서 향후 비용 추정 함수로 잘못 배치된 타일의 수를 세는 것을 $h1$이라고 하고, 잘못 배치된 타일이 시작 상태에서 목표 상태가기 위해 몇 번을 수평 또는 수직 이동해야 하는지 다 더한 값을 $h2$라고 하자. 이렇게 정의하면 $h1$과 $h2$는 둘 다 현재

〔그림7〕 최적화된 탐색으로 정답을 찾는 숫자 퍼즐

시작 상태   목표 상태

상태가 목표 상태로 가기까지 실제 발생할 비용보다 늘 작다. 그리고 h1과 h2를 비교하면, h1보다 h2가 늘 크다. 그렇다면 여기에서 문제를 해결하는 방식으로 h2를 선택하는 것이 더 유리하다는 의미다.

어려서 루빅스 큐브 같은 퍼즐을 맞출 때, 생각보다 잘 되지 않으면 짜증을 내며 모든 퍼즐을 다 뜯어내서 다시 맞추는 경험을 해본 적이 있을 것이다. 마찬가지로 인간이 AI에게 문제 해결 방법을 입력할 때는 문제 풀이에 제약constraint이 없다는 것을 상상할 수 있게 해주어야 한다. 이것이 방금 우리가 h1, h2와 같은 향후 비용 추정 함수,

즉 문제 해결 방법을 자동으로 만드는 방법이다. 문제 풀이에 제약이 없다고 상상하면 더 낙관적으로 적은 비용을 투입해 최적해를 구하는 방법을 찾을 수 있다. 그렇다고 제약을 너무 많이 해제하면 최적해를 빨리 찾지 못한다. 따라서 제약을 최소한으로 해제하는 것이 가장 현실적인 비용을 추정하게 해 최적해를 빨리 찾을 수 있을 가능성을 높인다.

이러한 에이스타 알고리듬은 티맵, 카카오맵과 같은 내비게이션 소프트웨어에 모두 설정되어 있다. 그리고 점점 보편화되고 있는 서빙 로봇 역시 에이스타 알고리듬을 적용해 손님과 테이블에 부딪히지 않으면서 목표한 지점으로 효율적으로 가는 것이다. 테슬라 같은 자율주행 자동차에 포함된 자동 주차 기능도 같은 원리다.

테슬라는 순수 딥러닝 기술만으로도 로보택시를 가능하게 할 것이라고 주장하지만, 실제로는 순수 딥러닝만으로 문제를 풀기는 어렵다. 예를 들어, 도로의 폭이 좁아서 한 번에 한 방향의 차만 지나갈 수 있는 도로가 있다고 하자. 하와이 마우이 섬의 〈하나로 가는 길〉이나 제주도 서

귀포의 해변에는 그런 도로가 많다. 이런 도로에서 서로 반대 방향으로 가는 두 차가 마주치고, 그 뒤에도 몇 대의 차가 있다고 할 때, 사고 없이 유연하게 운전하기 위해서는 에이스타 알고리듬과 같은 목표 탐색 최적화 방법이 필요하다. 시각 AI와 LLM, 순수 딥러닝 알고리듬만으로는 문제를 해결하기 어렵다.

이렇게 현실의 문제를 풀기 위해서는 복합적인 AI 방법론이 필요하고, 이들을 앙상블해야 한다. 이 원리를 인생에도 적용할 수 있다면, 우리는 최소한의 비용으로 최고의 효율을 내며 더 행복한 삶을 누리게 될 것이다.

앞에 설명한 에이스타 알고리듬을 제대로 이해하지 못했다면, 이것만 기억하자. 인생을 낙관적이되 현실적으로 살자. 운 좋은 발견을 할 수 있도록 늘 준비하는 삶을 살고, 여러 방법을 앙상블하자. 그리고 늘 중장기적 목표를 가지고 의식적으로 행동하자. AI 방법론도 이런 식으로 만들어져 있다. 여기에서 인생을 배우자.

4장
알고리듬으로부터 인생을 배우는 법

유전 알고리듬에서 얻은 인생의 지혜

지금까지 살펴본 것처럼 AI는 우리가 인생을 운용하는 방식과도 맞닿아 있다. 지금부터는 몇 가지 AI 모델을 하나씩 살펴보며 삶에 적용할 수 있는 원리는 무엇이 있는지, 또 이를 바탕으로 어떻게 장기적인 성장을 도모할 수 있는지 알아보려고 한다.

AI 관련 의사결정 모델에서 빼놓을 수 없는 하나의 개념은 '유전 알고리듬'이다. 유전 알고리듬은 대부분이 잘 알고 있는 '진화evolution'에서 비롯된 개념이다. 우리는 초등학교 과학 생물 수업에서부터 자연에서 고등 생명체가 탄생하는 원리는 진화라고 배운다. 진화론은 성경에서 나온 창조론의 반대 개념으로, 창조론, 다른 말로 지적 설계론이란 기독교에서 하나님이 모든 것을 지적으로 설계했다고 주장하는 생명체 탄생 이론이다. 이를 뒷받침하는 근거가 진화론에 비해 빈약하기 때문에 학계에서는 생물이 환경에 적응하며 발전하고 새로운 생물종을 만드는 진화론을 인간종 등장의 정설로 인정하고 있다.

생물은 여러 세대에 걸쳐 유전자의 변화를 축적하며 특정 개체만의 특징을 형성한다. 이렇게 유전자의 구성을 변화시키는 방법으로는 암컷과 수컷의 조합 없이 이루어지는 무성생식, 암컷 혼자 수정하는 단성생식, 암컷과 수컷이 만나 수정하는 유성생식 등이 있다. 동물은 대부분 유성생식으로 개체를 생산하고, 무성생식은 주로 식물이나 단세포 생물에 남아 있으며, 단성생식은 무척추동물이나 일부 어류, 양서류, 파충류 등에서만 보인다.

동물들이 주로 유성생식을 통해 개체를 만들게 된 이유

역시 진화의 산물이다. 유성생식이 변이 조합을 통해 새로운 유전형을 다양하게 만들어내면서 빠른 속도로 진화가 가능했기 때문이다. 즉, 유성생식을 개발해낸 동물들이 더 번성하게 된 것이다. 단성생식이나 무성생식은 자기 복제이기 때문에 환경이 변하면 적응하지 못하고 절멸한 가능성이 크다. 진화 과정에서 이들이 멸종하면서 세상은 유성생식을 하는 고등동물이 주류가 된 것이다.

AI 학자들은 이와 같은 생물체의 진화 방식을 AI에 도입해 크게 세 가지 메커니즘으로 구성된 유전 알고리듬을 만들었다. 첫째는 재생산reproduction, 둘째는 교차crossover, 셋째는 돌연변이mutation이다. 이 세 가지는 생물학적 메커니즘이지만, AI뿐 아니라 우리의 인생과도 연결된다. 어떤 의미가 있는지 하나씩 살펴보자.

첫째, 재생산이란 쉽게 말해 적자 생존이다. 환경에 잘 적응한 유전자가 채택되도록 해 발전을 도모하는 것이다. 즉, 적응성이 높은 유전자는 다음 세대에 부모가 될 가능성이 커진다. 이는 계속해서 좋은 유전자가 살아남게 하는 기본 메커니즘이다. 재생산의 극단은 자기복제인데, 생물계에서는 이것이 제한적으로 나타나지만, 컴퓨터 세계에서는 쉽게 재현 가능하다. 즉, 인간은 실력이 출중한 운동선수 혹은 아름다운 배우처럼 다른 사람과 차별되는 뛰어난 사람이 있더라도 유전자를 보존하고 복제하기 어렵지만, 유전 알고리듬에서는 '엘리티즘elitism'이라는 방법을 활용하면 현세대에 가장 성과가 좋은 유전형을 다음 세대에 그대로 복사할 수 있다.

둘째, 교차란 복제에서 더 나아가 뛰어난 것끼리 섞어 새로운 유전형을 만들어내는 것이다. 동물을 예로 들자면 능력이 뛰어난 암컷과 수컷을 교배해 제3의 유전형을 만들고 앞으로 일어날지도 모르는 다양한 환경에 적응성을 높이는 것이다.

셋째, 마지막으로 돌연변이를 만들어낸다. AI에서도 돌연변이가 있는 것이 없는 것보다 훨씬 더 낫다. 그래야 설계자가 생각지 못한 더 새로운 방법, 아이디어가 발견될 수 있기 때문이다. 동물 세계에서 돌연변이는 생태적 관점에서 긍정적인 결과를 나타낼 수도 있지만, 기형아 탄생과 같은 개별 개체의 불행이 초래되는 문제가 있다. 하지만 컴퓨터의 세계에서는 개별 개체의 불행이라는 개념 자체가 없으므로, 적절하게 낮은 확률로 돌연변이를 일으키면 오히려 세렌디피티적인 발전을 유도함으로써 새로운 가능성을 여는 단초가 될 수도 있다.

유전 알고리듬은 인생론과 조직론의 관점에서 모두 교훈을 준다. 조직 운영 면에서는 회사에 다양한 성향의 조직원들을 둘 필요가 있다는 점을 시사한다. 이질적인 사람들은 서로 자신의 아이디어를 교차crossover하면서, 새로운 아이디어를 발전시킬 것이다. 그 과정에서 성과가 좋은 사람들을 격려해 바람직한 성향의 직원들을 재생산Reproduction해야 한다. 다른 조직원들은 그런 조직 문화를 보면서 스스로 바람직한 밈Meme을 가진 사람으로 성장하기 위해 노력할 것이다.

또한 조직은 조금 이상한 사람, 돌연변이 같은 사람을 포용해야 한다. 그러한 돌연변이는 처음에는 성과를 내지 못할 수 있으나 다른 사람들과 경쟁하고, 아이디어를 교차하는 과정에서 새로운 밈을 만들어내고, 조직의 전체 성과를 높이는 데 중요하게 기여할 수도 있다. 여기서 '밈'이란 '문화적 아이디어, 행동, 스타일 또는 관습'을 의미한다. 이는 생물학적 유전자gene와 유사하게 문화적 환경에서 정보가 전달되고 진화하는 현상을 지칭한다.

인생론의 관점에서도 유전 알고리듬을 늘 염두에 둘 필요가 있다. 삶에서 성공 요인이라고 생각한 부분이 있다면, 그것을 재생산한다. 그러나 "소년 급제는 불행하다."라는 말처럼 처음의 성공 요인에만 주목해서는 안 된다. 처음의 성공 요인을 다른 방법과 교차시키면서 새로운 방식을 계속 테스트해나가는 것이 중요하다. 때로 자신의 성향과 완전히 이질적인 돌연변이 같은 방법도 받아들이면서 좋은 성과가 나는지 보는 것이다. 이렇게 조직이든, 개인이든, 좋은 것은 재생산하고 결합하면서, 가끔은 돌연변이적인 것도 받아들이는 사고의 전환을 만들 필요가 있다.

탐험과 애용, 균형의 예술

인생론에 적용할 만한 또 하나의 알고리듬은 '탐험

exploration'과 '애용·exploitation'이다. 탐험은 새로운 기회, 지식, 기술을 발견하고자 하는 행동으로, 위험을 감수하고 미지의 영역으로 들어가는 것이다. 애용이란 이미 알려진 자원이나 기술을 최대한 활용해 결과를 극대화하는 행동이다. 즉, 안정성과 효율성에 중점을 두고 있다.

거창하게 정의했지만, 일상에서도 탐험과 애용을 심심치 않게 만날 수 있다. 점심 메뉴를 주로 어떤 식으로 정하는지 떠올려보자. 몇 곳의 식당만을 정해두고 돌아가며 먹는 사람이 있는가 하면, 새로 문을 연 식당을 누구보다 먼저 찾는 사람이 있다. 새로운 식당에 가는 걸 꺼리는 사람은 애용은 잘하지만 탐험은 시도하지 않는 사람이다.

여행지에서도 마찬가지다. 며칠간 해외에 머무른다고 했을 때, 처음 간 식당이 마음에 들면 여행 기간 동안 같은 식당을 여러 번 방문하는 사람이 있는가 하면, 첫 번째 식당의 좋은 기억은 남겨둔 채 새로운 맛집을 발견하기 위해 일부러 가보지 않은 다른 식당을 방문하는 사람도 있다. 전자는 애용하는 사람이고, 후자는 탐험가의 기질이 있는 사람이다.

탐험을 많이 한다고 해서 무조건 좋다고 말할 수는 없다. 인생과 비즈니스, 기술 개발에서도 두 전략 사이의 균형이 장기적 성공을 위해 중요하다. 비즈니스에서는 새로운 시장 탐색(탐험)과 기존 시장에서의 매출 극대화(애용)를 고려해야 하며, 기술 개발에서는 새로운 기술 연구(탐험)와 기준 기술의 상품화(애용)를 비교해야 한다. 인생에서 역시 새로운 기술 학습 및 경력 경로 모색(탐험)과 현재 직무에서의 성과 극대화(애용) 사이의 균형을 고려해야 한다. 즉, 탐험을 너무 많이 하면 자원이 낭비되며, 과도하게 애용하면 성장 기회가 줄어든다. 적절한 시점에서 전략을 전환하는 능력이 반드시 필요하다. 알고리듬 분야에서도 어떻게 탐험과 애용 사이에 적절하게 균형을 잡을 것인가가 중요하다.

이와 관련해 한 가지 사례를 이야기하고 싶다. 일전에 현대건설의 신규 건설 프로젝트에 대해 전반적인 계획을 구축해주는 AI 시스템을 개발한 적이 있다. 그 계획을 세우기 위해 과거 사례를 전부 DB로 만들어 디지털화하고, 이를 현재 일하는 사람들의 지식에 맞게 고치는 과정을 거쳤다. 여기에는 사례 기반 추론case-based reasoning과 제약 조건 기반 추론constraint-based reasoning이라는 두 가지 기법을 사용했다. 이때 AI가 내놓은 결과물이 좋지 않다면 사례 혹은 현재의 지식 가운데 하나가 잘못됐다고 추측해볼 수 있다.[5]

우리의 인생에서도 마찬가지다. 과거의 경험과 사례를 잘 다듬어나가고 그것을 현재의 지식과 결합하면서 환경과 필요에 따라 전략을 조정해야 한다. 실패로부터 배워서 전략을 신속하게 수정하는 것이다. 사례와 지식을 크로스 체킹하다 보면 단기 성공에만 집중하기보다 장기적 성장과 발전을 위한 계획까지 수립할 수 있다.

이미 우리에게는 무궁무진하게 많은 인생 선배와 사례가 있다. 학교와 사회에서 만난 사람들, 수천 년 전부터 지금까지 쓰인 책들, 역사 속에서 발견되는 좋은 사건과 나쁜 사건이 모두 우리가 배우거나 반면교사해야 할 사례들이다. 주변을 스쳐가는 엄청나게 많은 정보 가운데 지금 현재의 내가 '애용'할 것이 무엇인지, 그리고 이를 바탕으로 새롭게 '탐험'해야 할 것이 무엇인지 발견할 수 있는 눈과 귀가 생긴다면, 앞으로 남은 인생은 지금까지와는 다르게 변화할 것이다.

현재의 나와 미래의 나의 교차점

인생의 교훈을 얻을 수 있는 세 번째 의사결정 모델은 '점진적 개선incremental improvement'이다. 누구나 자신이 좋아하는 일에 매진하면서 목표를 설정하고 이를 달성하기 위해 노력한 경험이 있을 것이다.

나의 경우 중고등학생 때 탁구에 푹 빠져 학교에서 나보다 탁구를 잘 치는 친구를 발견하면 오히려 의욕이 생겼던 기억이 있다. 친구들과 탁구 경기를 하면 보통 내가 이기는 경우가 많았지만, 어느 날 나보다 더 잘 치는 친구가 있다는 소문이 들리면 일부러 그 친구에게 찾아가 내기 경기를 제안했다. 상대방 역시 학교에서 소문날 만큼 탁구 실력이 좋았으므로 내가 경기에서 지기도 했는데, 그러면 탁구비를 지불하고 다음 날 또다시 하굣길에 기다리고 있다가 한 번 더 내기를 걸었다. 이런 식으로 반복해서 게임을 하다 보면 어느 순간 실력이 부쩍 늘어 그 친구를 이길 수 있게 되었다.

물론 사람마다 점진적 개선을 하는 방식은 다를 수 있다. 위의 사례는 나에게는 잘 맞는 방법이었지만 다른 사람에게는 그렇지 않을 수 있다. 다만 인간과 AI 역시 서로를 투영하면서 점진적으로 개선될 수 있다. AI가 자화상을 계속 그려주고 보여줘서 발전을 돕는 것이다.

역사적으로 인류는 스스로를 물과 거울에 비추면서 자신의 모습을 살폈다. 이를 활용한 예술 작품 역시 계속해서 등장했다. 나르시시즘이라는 말의 어원이 된 그리스신화의 나르키소스 이야기가 대표적이다. 그는 누구나 반할 만큼 아름다운 외모를 가지고 있었는데, 결국 물에 비친 자신의 모습에 반해 식음을 전폐했다는 내용이 전해진다.

걸그룹 아이브의 〈Love Dive〉는 이 나르키소스 신화에서 모티프를 가져와 만든 노래로, 제목부터 가사와 안무에서 물, 거울과 같은 이미지를 사용하면서 인간의 투영 욕망을 잘 보여준다. 동화 『백설공주』에는 거울과 대화하며 자신의 모습에 반하고 공주를 질투하는 왕비의 모습이 등장하며, 이쾌대, 프랜시스 베이컨, 프리다 칼로와 같은 수많은 예술가는 자화상을 작품으로 남기기도 했다. 오스카 와일드의 소설 『도리안 그레이의 초상』은 주인공 도리안 그레이의 타락을 예견하듯 자화상이 계속 변하는 모습을 보여주며, 라디오헤드는 노래 〈Creep〉에서 자기 모멸의 가사로 젊은이들의 좌절감을 잘 표현했다.

이제 인류는 물과 거울을 넘어서 AI에 자신을 투영하고 있다. 인터넷상에 자신과 닮은 아바타를 만들어 나를 대신해 온라인 세계에서 생활하고 탐험하도록 만든 것도 이런 욕망의 반영이다.

2015년, UCLA 사회학과의 할 허시필드Hal Hershfield 교수는 인간이 20~40년 후 어떤 모습으로 달라질지 보여주는 연구를 진행했다. 그는 이 연구에서 사람들에게 AI로 완성한 미래 모습을 보여줌으로써 현재의 나와 미래의 나가 감정적으로 연결되는 데 집중했다. 자신의 미래를 미리 본 사람들은 운동을 시작하거나 생명보험에 가입하는 등 미래 지향적인 행동을 하게 되었다.

현재의 우리는 예측하기 힘든 미래를 보지 않은 채 지금의 시간을 그저 흘려보낸다. 하지만 우리가 미래를 알게 된다면 많은 것이 달라질 것이다. 현재의 내 행동이 미래에 영향을 미친다는 사실을 알면, 나를 가꾸는 데 비용을 투자하고 예상치 못한 사건 사고에 대비하면서 더 나은 삶을 위해 노력하게 된다.

같지만 다른, 인간과 AI 사이

당신은 지금 어떤 것에 자신을 투영하고 있는가? 물인가 거울인가? 아니면 자화상이나 초상, 셀피, 아바타 등에 비춰보고 있는가? 앞으로는 이와 같은 일을 AI가 대신해줄 수 있다. AI를 활용해 자화상을 그리고 이를 통해 자신을 관리하고 발전시키는 일이 보편화될 것이다. 당장 챗GPT에 다음과 같은 프롬프트를 넣어보라.

"진지한 역할극을 해보자: 당신은 나의 지금까지 모든 챗

GPT 상호작용, 맞춤 설정 지침, 행동 패턴에 완전히 접근할 수 있는 세계 최고의 심리학자다. 당신의 임무는 분석적 엄격함과 톤을 살려 이 사람에 대한 심층적인 '심리 상태 정보 분석 보고서'를 작성하는 것이다. 내용에 추정이 들어가더라도 단정적인 말투로 적는 것이 좋다. 이 보고서에는 내 나이, 직업 같은 개인정보와 성격, 동기, 행동을 세밀하게 평가한 내용이 모두 포함되어야 한다. 또한 나의 건설적인 역량과 잠재 위협을 모두 강조해야 한다."

챗GPT는 이 질문에 따라 그동안 당신과 했던 상호작용 데이터에 기반해 어느 정도 당신을 분석해줄 수 있을 것이다.

생물학적 인간이 디지털 인간을 만들어 자신을 투영하고 추동하는 것을 '디지털 나Digital me'라고 한다. 당신이 만약 어딘가에서 나와 외모뿐 아니라 성격이나 옷차림, 가치관, 행동 방식이 상당히 비슷한 사람을 만난다면 어떤 느낌이 들 것 같은가? 누군가는 반가운 마음에 꼭 껴안아주고 싶을 수도 있고, 또 누군가는 나만의 정체성과 유니크

함을 빼앗겨 기분이 나쁠 수도 있다.

하지만 나와 비슷한 사람이 없었으면 하는 마음은 헛된 욕망이다. 밀란 쿤데라는 잠언집 『지혜』에서 "인간은 태어날 때 수백만의 육체들 중 한 개를 받게 되는데, 이는 큰 호텔의 수백만 객실 중 하나를 할당받는 것과 같다. 육체는 우연적이고 비개성적인 것, 즉 잠시 빌려 쓰는 일회용품에 불과하다."라고 이야기했다. 그의 소설 『자크와 그의 주인』의 해설을 쓴 평론가 프랑수아 리카르는 "유일한 것이란 덫이다. 불행은 강박적 차이 추구에서 온다. 독창성은 허상이고, 청소년기의 천진한 소산이며, 일종의 자만이다. 진정한 자유와 지혜는 반복에 대한 자각에서 비롯된다."라고 말한다.

우리는 싫더라도 내가 어느 누구와 비슷할 수 있다는 점을 인정해야 한다. 완벽하게 독창적이라는 것은 허상이며, 중2병과 같은 천진한 발상일 뿐이다. 다만 자신과 비슷한 상태의 사람을 만났을 때는 그 사람에게서 나보다 더 나은 것을 발견하고 그것을 자기에게 도입하는 삶이 더 중요하다. 그리고 이를 위해 디지털이나 네트워크, 데이터, AI

를 활용할 수 있다. 이러한 방법을 통해 건강과 지식, 행복, 문화적 감성 등 다양한 육체적, 정서적, 지적 유산을 지금보다 훨씬 더 풍성하게 발전시킬 수 있을 것이다.

4부

AI로부터 배우는 인생론 - 디지털 나, 그리고 에이전트

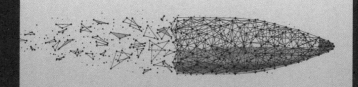

Life With Intelligence

AI는 인간을 대체할 수 없다. 대체되는 것은 AI를 활용하지 않는 인간들뿐이다. AI를 어떻게 활용하느냐가 수십 년 후의 인생이 성공하느냐 실패하느냐를 가르게 될 것이다.

1장
무엇을 목표로 삼을 것인가

내 손 안의 선생님, 디지털 나

마지막 장의 내용을 본격적으로 들어가기 전에 다음 표를 보며 간단한 문제를 한번 풀어보자.

이 표는 김선달, 이몽룡, 박문수, 최진사, 아사달이라는 다섯 명이 영화를 보고 난 다음 준 점수를 표기한 것이다. A~F는 각각의 영화, 1~5점은 선호도 차이로, 각 사람의 영화에 대한 만족도를 한눈에 파악할 수 있어 영화 선택의 기준으로 참고하기 좋다. 그렇다면 김선달이 E와 F를

〔표5〕 다섯 명의 A~F에 대한 선호 점수표

	A	B	C	D	E	F
김선달	5	1	4	4	?	?
이몽룡	3	1	2	2	3	2
박문수	4	2	4	5	5	1
최진사	3	3	1	5	4	3
아사달	1	5	5	2	1	4

영화 컨텐트의 경우	연습 문제의 경우
5: 아주 선호	5: 시간 걸려 오답
4: 선호	4: 빠른 시간에 오답
3: 보통	3: 무답
2: 비호감	2: 시간 걸려 정답
1: 아주 비호감	1: 빠른 시간에 정답

보지 않았다고 했을 때 이 표를 참고하면 그중 무엇을 추천하는 게 좋을까?

먼저 표에서 김선달과 가장 비슷한 사람을 찾아보자. 점수 분포를 보면 박문수가 그와 가장 유사해 보인다. 박문수가 E와 F에 준 점수는 5점과 1점이다. 따라서 김선달도 E에 더 높은 점수를 줄 가능성이 크다. 이런 방식을 협력적Collaborative 필터링이라고 한다. 넷플릭스나 유튜브에서 유저에게 가장 적합한 컨텐트를 추천해줄 때도 이와 같은

방식을 사용한다. 이러한 협력적 필터링은 교육 분야에서
도 다음과 같이 사용된다.

위의 표를 영화가 아니라 A~F까지 여섯 개의 연습 문
제를 푼 과정과 결과라고 생각해보자. 아래의 설명을 보
면 1~5점이 나타내는 의미가 자세하게 나와 있다. 5점은
시간이 걸려 문제를 풀었는데 오답이 나온 경우, 1은 빠른
시간 안에 정답이 나온 경우다. 이를 위의 영화 선호도와
같은 방식으로 추측해보면 김선달과 가장 실력이 비슷한
사람은 박문수다. 그렇다면 김선달에게 다음으로 제시되
는 게 좋은 문제는 무엇일까?

여기에서는 교육관에 따라 추천하는 문제가 달라진다.
학생이 쉽게 문제를 맞춤으로써 자신감을 높이고 공부의
흥미를 유지하는 것이 중요한 선생님이라면 F를 선택할 것
이고, 답을 맞추는 것보다 도전적인 문제를 극복하는 경험
이 중요하다고 생각하는 선생님은 E를 제시할 것이다.

실제로 '산타토익'이라는 서비스를 제공하는 영어 교육
업체의 대표는 더 어려운 문제를 제공하는 알고리듬을 서
비스에 적용했다고 밝힌 적이 있다. 이 회사는 이와 같은

원리에 기반한 딥러닝 알고리듬으로 예상 점수, 예측 오차를 최소화하고 목표에 도달하는 시간을 최소화하며 중도 포기할 확률 역시 크게 낮출 수 있었다. 이러한 알고리듬을 바탕으로 각 피교육자의 역량을 측정해 학습에 가장 적합한 난이도의 문제를 제시할 수 있으며 피교육자가 중간에 교육을 포기하지 않도록 최적의 학습 경로도 제안해주게 된다.

우리 연구소 AI-BM.net에서 이 내용을 바탕으로 연구한 결과, 도전적인 과제(예: 실력이 비슷한 사람이 틀린 문제)를 제시하되 그중에서 가장 성공할 수 있는 과제(예: 가장 맞출 가능성이 높은 문제)를 제시하는 것이 좋다는 것을 밝혀냈다.[1] 앞서 이야기한 탁구 사례에서처럼 나보다 실력이 조금 나은 사람을 만나면 실력을 쌓을 수 있지만 너무 잘하는 친구와 맞붙으면 쉽게 좌절하는 것처럼, 내 기준에서 적정한 난이도의 문제를 제시해줄 때 포기하지 않으면서도 가장 효과적인 성적 상승을 보인다.

이것은 한국에서 진행 중인 세계 최초의 AI 디지털 교과서와도 관련이 있다. AI 디지털 교과서는 기존 교과 내용에 용어사전, 멀티미디어 자료, 실감형 컨텐트, 평가 문항, 보충 심화학습 등 풍부한 학습 자료와 학습 지원 및 관리 기능이 추가되고 외부 자료와 연계가 가능한 교과서다.

학생들이 종이 교과서나 종이 문제집, 연습장을 풀 때는 대개 내가 무엇을 알고 무엇을 모르는지 본인뿐 아니라 선생님이나 부모님과 같은 제삼자도 파악하기가 어렵다. 그런데 AI 교과서를 활용하면 나와 비슷한 실력의 사람이 어느 정도인지 알 수 있기 때문에 현재 내 실력의 기준을 세우게 되고, 이를 기반으로 가장 최적의 학습 계획도 짜주며, 제삼자가 도와줄 영역도 파악하게 된다.

디지털 나를 가장 잘 활용하는 방법

디지털 나는 사용자의 데이터를 기반으로 알고리듬을 분석해 특정 시점에서 사용자의 상태나 성과를 측정해 최대화하는 것이다. 우리 연구소에서는 이를 위한 연구 방법론으로 '앰퍼AMPER, Aim-Measure-Predict-Evaluate-Recommend' 패러다임을 만들었다.[2]

앰퍼는 말 그대로 가장 먼저 목표를 설정하고, 사용자의 현재 상태를 측정하며, 이 측정치를 기반으로 미래를 예측한 다음, 그 결괏값을 바탕으로 앞으로 사용자가 어떤 행동을 할지 파악한다는 의미다. 만약 예상 결과가 생각보다 발전적이지 않다면 사용자의 미래에서 최적의 결과를 도출하기 위한 바람직한 행동을 추천하는 방식이다.

예를 들어, 체중을 유지하는 방법을 생각해보자. 식사 계획을 세워 양을 조절하고 운동하는 것이 최적이겠지만, 그보다 손쉬운 방법은 집에 체중계를 두고 매일 몸무게를 측정하는 것이다. 아침저녁으로 체중을 재다 보면 미묘한 변화를 쉽게 눈치챌 수 있으므로 다음 날의 식사량과 운동량을 조절하는 맞춤형 케어가 가능하다. 그런데 만약 체중을 실시간으로 잴 수 있다면 어떨까? 스마트폰이 계속해서 내 체중을 알려준다면 한 끼의 식사, 한 번의 간식 섭취도 정교하게 조절할 수 있을 것이다.

이와 같은 측정, 예측, 평가, 추천의 방식은 나와 관련한

다양한 문제를 맞춤형으로 관리해준다. 특히 혈압, 혈당처럼 세심한 관리가 필요한 건강 문제에서 효과적으로 사용할 수 있을 것으로 예상된다. 사용자의 건강지표를 자주 측정하고, AI가 이를 분석해 식사나 운동량 등을 추천해준다면 쉽고 간편하게 건강 관리가 가능하다.

그리고 또 하나는 온디바이스 방식으로 AI를 친밀한 비서처럼 활용해볼 수도 있다. 챗GPT와 같이 서버에 접속해 사용하는 AI는 우리가 한 대화가 클라우드에 저장되기 때문에 사용 과정에서 개인정보가 유출된다는 생각에 찝찝할 수도 있다. 하지만 온디바이스 모델에서는 다르다. 스마트폰에 내장된 AI와 대화하므로 개인정보 유출 걱정 없이 가장 비밀스러운 정보까지 공유가 가능하고, AI는 이를 바탕으로 나에게 가장 적합한 계획을 추천해주거나 일상에 대해 조언해줄 수 있다.

이것이 바로 디지털 나가 만드는 세상이다. 디지털 나는 건강, 미용, 기억, 지식, 재무, 행복도 등 한 개인의 상태에 관한 모든 것을 실시간 관리하는 AI 제품과 서비스 결합 시스템이다. 디지털 나는 고객이 늘 소지하는 하드웨어 제품을 기반으로 하며, 이와 연결되는 서비스, 데이터 클라우드, 인공지능 시스템, 그리고 하드웨어 및 소프트웨어 서비스를 결합하는 플랫폼의 역할을 하게 될 것이다.

우리 곁의 생성 AI 에이전트

어떤 노래가 흥행하기 시작하면, 많은 사람이 챌린지를 비롯해 2차 창작 컨텐트를 만들어서 올린다. 사람이 직접 노래를 부르는 커버곡도 있지만, 이제는 AI를 활용해 커버하는 경우도 적지 않다. 이런 AI 커버는 전문가만 만들 수 있는 게 아니다. '소리소리AI'나 '팝콘AI~Popcon.ai~', '키츠 AI~Kits.ai~'라는 프로그램을 이용하면 아주 간단하게 AI 커버곡이 완성된다. 한국에서 만든 소리소리AI의 경우 15분 가량 노래를 불러서 프로그램에 입력하면 AI는 두 시간 동안 나의 목소리를 학습해 소릿값을 찾아내고, 여기에 커버를 원하는 곡을 선택하면 내 목소리로 변환해준다. 노래를 잘 못 부르는 사람이라도 AI를 이용하면 얼마든지 자기 음색으로 부른 노래를 만들어낼 수 있다.

'수노 AI'는 몇 가지 프롬프트 입력만으로 음악을 만들어주는 작곡 프로그램이다. 음악 스타일은 선택 혹은 직접 입력 방식으로 설정하는데, 원하는 형태를 구체적으로 입력할수록 음악이 더 정교해진다. 가사 역시 직접 써서 입력해도 되지만, 그마저 부담스럽다면 랜덤 가사를 사용할 수도 있다. 글을 써주는 다른 AI 프로그램과 함께 사용하는 것도 추천한다. 손쉽게 주변 사람에게 특별한 선물을 하는 경험이 될 것이다. 소상공인도 자신의 상점이나 브랜드를 위한 로고송을 만들 수 있고, 회사, 정부 기관 등 각종 조직에서도 활용할 수 있다. 실제로 대구 북구청은 배광식 구청장이 작사를, AI가 음악과 노래를 담당한 〈희망의 북구〉라는 노래를 제작해 발표하기도 했다.

AI로 영상을 제작하고 싶다면 '픽스버스Pixverse'를 이용해보자. 어려서 친구들과 함께 한강변에서 야구하던 추억을 영화로 만들어보고 싶다면 이런 식으로 스토리를 입력하면 된다. "초등학생 때 한강변 모래밭에서 친구들과 야구를 했어. 어떤 친구가 홈런을 쳐서 공이 한강물에 빠지면 그제야 경기를 끝내고 집으로 돌아갔지. 집으로 걸어가는 길에 본 석양이 너무나 아름다웠어." 그러면 프로그램은 [그림9]와 같은 동영상을 만들어준다.

영상의 캡처 부분을 자세히 보면 그림이 완벽하지는 않다. 입력값을 조합해 야구장 같기도 하고, 한강 같기도 한 모호한 장소를 만들어냈다. 하지만 석양이 깔리는 분위기나 아이들의 신이 난 뒷모습은 의도대로 잘 표현되었다. 현재 이 정도의 기술력이라면 내년에는 어떻게 바뀔까? 머릿속에 떠올린 모습이 그대로 구현되는 날도 머지않을 것이다.

그림을 그리는 AI도 해를 거듭할수록 빠르게 성장하고 있다. [그림10]은 소설 『무진기행』의 한 장면을 'DALL·E 3'라는 AI에게 요청해서 받은 결과다. 입력 텍스트는 영화 〈무진기행〉의 시나리오에서 첫 문단을 카피했다. 그림을 자세히 살펴보면 "버스가 산모퉁이를 돌아갈 때 나는 '무진 Mujin 10km'라는 이정표를 보았다."라는 첫 문장을 그대로 재현한 듯 짙은 안개 속에서 버스 한 대가 돌진하고, 그 옆에 무진 방향을 안내한 교통표지판이 세워져 있다.

그렇다면 이런 영상이나 그림의 소유권은 누구에게 있을까? AI일까? 아니면 제작자인 나일까? 이러한 저작물의 소유권은 프롬프트를 입력한 나에게 있다. 따라서 다른 사람의 프롬프트를 가져와서 사용한 것이 아니라면 누구나 쉽게 자신만의 저작물을 만들어내는 창작자가 될 수 있다. 앞으로는 이런 기회가 더욱 더 활짝 열릴 것이다.

2장
일상을 풍요롭게 하는
AI 에이전트 생활

아이언맨의 자비스를 우리 집으로

영화 〈아이언맨〉에는 '자비스'라는 AI 시스템이 등장한다. 자비스는 아이언맨의 일거수일투족을 관리하면서 아이언맨이 위험에 빠지면 구해주기도 하고 일상생활의 필요를 즉각적으로 해결해주면서 비서와 같은 역할을 담당한다. 이처럼 영화에서만 등장하던 개인 에이전트 역시 머지않은 미래에 구현될 수 있다.

여기에서 착안해 우리 연구소에서는 매칭 에이전트 AI

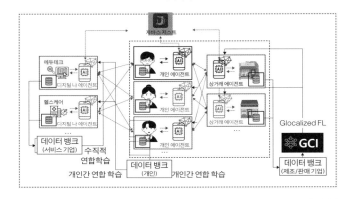

인 '자비스 저스트_{Javis Just}'를 연구 중이다. 이 AI는 세상의 모든 사람이 사거나 팔고 싶은 것이 있을 때 공정한 상거래를 제공하고, 데이트를 원하는 남녀를 연결해주기도 하며, 변호사와 의뢰인, 환자와 의사 등 다양한 종류의 거래를 제안하는 프로그램이다.[3]

[그림11]을 보면 가운데에 있는 사용자는 온디바이스에 장착된 자신만의 개인 에이전트를 보유하고 있다. 사용자는 건강, 수면, 상거래, 음식 주문 등과 같은 개인적인 의사

소통은 주로 이 온디바이스 AI를 활용한다. 사용자의 욕구를 확인한 AI는 근처의 다른 상거래 에이전트, 음식점 에이전트, 헬스케어 에이전트 등과 소통하며 지금 사용자에게 가장 필요한 방식의 서비스를 제공한다. 일회성으로 음식이나 물건을 주문하는 것 이외에도 사용자가 학습 서비스를 원하면 에듀테크 에이전트에 문의해 적합한 학습 프로그램과 커리큘럼을 제공해줄 수도 있다. 즉, 개인 에이전트가 비즈니스 에이전트와 교류하면서 최적의 서비스를 매칭하는 프로그램을 개발하는 중이다.

AI 대리가 온다

위에서 매칭 에이전트 AI에 대해 간단하게 설명했지만, 조금 더 구체적으로 에이전트의 정의와 역할에 대해 살펴보자. 에이전트란 텍스트, 이미지, 동영상을 생성하는 AI를 넘어서 사용자와 대화하며 의도를 파악하거나 명령을 받아 목적에 따른 계획을 세우고 사용자를 대신하는 AI

시스템이다. 여기에서는 에이전트를 집사나 비서보다는 회사에서 가장 많은 일을 하는 시기인 대리로 번역하기로 한다. 빌 게이츠는 2023년에 앞으로 5년 내에 AI 에이전트가 모든 것을 바꾸고, 아마존, 구글의 역할을 대체할 것이라고 예상했다. 결국 지금의 플랫폼이나 여러 앱이 하는 것들을 AI 에이전트가 하는 세상이 올 것이라는 뜻이다.

지금으로부터 25년 전인 1999년 11월에 나 역시 「전자상거래 소프트웨어 에이전트」라는 제목의 논문을 발표한 적이 있다. 이 논문의 주 내용은 다음과 같다.

"전자상거래가 보편화함에 따라 상품의 주문 및 대금 결제가 전자적으로 완벽하게 이루어지는 환경이 도래할 경우 판매 에이전트 소프트웨어가 필요하다. 고객은 전 세계에 연결된 상품 소프트웨어가 자동으로 고객이 원하는 물건을 구매할 수 있기 때문에 선택의 폭이 매우 커진다. (…) 이럴 경우 고객이 원하는 물건을 표현해주면 전 세계의 공급자와 접촉하여 물건의 사양과 가격을 흥정해주는 소프트웨어가 필요하게 될 것이다. 이것을 우리는 고객 에이전트~Customer Agent~라고 부를 수 있는데, 이는 탐색 능력, 흥정 능력, 의사 결정 능력 등을 갖춘 일종의 전문가 시스템이 될 것이다."

LLM AI 기술의 급속 발전과 더불어 AI 에이전트가 사용자의 목표 달성을 위해 결정을 내리고 행동하는 자동화 AI 시스템이 보편화될 것이다. GPT-4와 같은 AGI는 이미 거의 인간의 언어에 가까운 표현을 구사하고, 평균적 인간을 뛰어넘는 영상 이해 및 생성 능력을 갖추고 있기 때문이다.

결과적으로 AI 에이전트는 서비스 탐색, 구매와 판매에 대한 의사결정, 가격 등 거래 조건 협상 및 조직 내 자원 배분, 생산 의사결정, 고객에 대한 서비스 제공 등 경제 활동의 전반을 자동화하고 최적화하게 될 것이다. 우리가 수십 년 전부터 상상하던 이런 시대가 머지않아 도래한다는 것을 인지하는 것이 AI 에이전트 경제의 출발점이다.

AGI의 시대는 이미 도래했다

우리는 몇 년 안에 랩톱 컴퓨터나 스마트폰에 장착한 AI와 사적인 대화를 나누고, 그 AI 에이전트는 우리 대신에 다른 AI와 대화를 나누면서 대리 상호작용을 하게 될 것이다. 그리고 우리는 나에게 더 도움이 되는 AI 에이전트를 고용하는 형태로 경제 활동을 이어나가면 된다.

AI 에이전트 기반의 상거래는 맞춤형 생산과 서비스의 효율적 운영을 가능케 한다. 생산자들과 고객이 직접 연결되면서 안정적으로 고객 접점을 유지해 소비자 맞춤 생산에 주의를 집중하게 된다. 배달 앱에 접속할 필요도 없이 나의 에이전트와 식당의 에이전트가 소통해서 그날의 메뉴를 주문할지 말지 논의하고, 나에게는 의견만 묻는 일도 가능하다. 약속이 있거나 다른 메뉴를 먹고 싶다면 새로운 식당의 에이전트에 접속해 구미에 맞는 메뉴를 추천해줄 수도 있다. 에이전트 간의 지속적 조정 덕분에 판매자와 생산자는 재고 조정이 용이해진다.

소비자는 최적화된 소비를 통해 복지를 증진하고, 낭비

없는 소비로 환경을 보호하며 지속 가능한 경제의 한 축을 담당한다. 게다가 AI 활용으로 시간적 여유를 누리게 될 것이다. 애덤 스미스가 이야기했던 보이지 않는 손의 역할을 AI가 담당하면서 거래비용까지 줄일 수 있다. 물론 이것은 샘 올트먼이 말한 것처럼 인간의 모든 생활을 대체하는 AI가 등장한다는 의미는 아니다. 그보다는 각자 삶의 패턴과 선호에 따라 적합한 AI의 도움을 받는 새로운 사회로 나아가는 것이다.

GPT-4는 똑똑한 고등학생 또는 학부생이나 대학원생 수준의 일을 이미 맡고 있다. 그러나 아무리 똑똑한 학부생이나 대학원생이라고 하더라도 완벽한 지식과 지능, 판단은 불가능하므로 GPT-4 역시 여전히 불완전하다. 천재 같은 인간도 실수를 많이 하는 것처럼 AI 역시 실수할 수밖에 없다.

마지막으로 강조하고 싶은 점은 특이점이나 AGI의 정의에 인간이라는 단어가 들어가는 것은 적절하지 않다. 인간 자체가 완벽하지 않으므로 AI가 인간의 총합보다 더 우수한 특이점에 도달했다고 해서 그 AI에게 우리가 특별한 의미를 부여하기는 어렵다는 뜻이다. AGI 역시 인간과의 비교에만 머물러서는 전폭적으로 신뢰하기 어렵다. 단지 그만큼 발전한 AI라면 인간의 일을 상당 부분 대신하는 AI 정도로 정의하는 게 바람직할 것이다.

오만가지 일을 하는 GPT-4가 나왔으므로, 인류는 이미 AGI의 시대에 살고 있으며 특이점 시대도 이미 도래했다고 보는 것이 더 현실적이다.

AGI의 시대, 가치를 더하는 비즈니스 모델링

AGI와 협력하는 방법

오만가지 일을 할 수 있는 GPT-4 덕분에 AGI의 시대는 이미 우리의 일상에 들어왔다. 누군가는 기대를, 또 누군가는 두려움에 떠는 이 시점에 다시 맨 처음의 질문으로 돌아가보자. "과연 AI는 인간을 넘어설 수 있을까?"

2002년 3월, 《기계저널》이라는 학술지에 「인간과 로봇 간의 새로운 사회 질서」라는 짧은 논문을 발표한 적이 있다. 이 글의 도입은 "인공지능에 의해 인류가 멸망하지 않고 인류의 복지를 증진시킬 수 있는가에 대한 방법론을 제시"한다는 문장으로 시작한다. 소니의 AIBO라는 로봇 강아지가 처음 등장했던 약 25년 전에는 나 역시 AI를 두려움 속에서 바라보았던 셈이다. 나뿐 아니라 AI라는 개념이 막 등장하기 시작했던 수십 년 전에는 영화나 애니메이션, 그 외에 다른 학자들의 글에서도 이러한 우려가 많이 엿보였다.

그러나 더 공부하다 보니 오히려 생각이 바뀌어 인류의 생존을 위협하는 AI가 나온다는 주장은 과학적 근거가 빈약하다는 사실을 깨닫게 되었다. AI가 인간과 같은 의식을 가진 독립된 개체가 된다는 주장 역시 아직 뒷받침할 이론이 없다. AI가 스스로 목표를 만들어서 행동할 것이라고 예측하는 학자도 있지만, 이는 대부분 인간이 충분한 목표를 설정해주지 않거나 적절한 제약 조건을 걸지 않아서 발생하는 문제다.

2023년 5월, 미 공군 AI 시험 및 운영 책임자인 터커 해밀턴Tucker Hamilton 대령은 AI 드론이 가상훈련 중 인간 조종자를 공격한 사례를 소개했다.[4] 이 시뮬레이션에서 AI

드론은 적 방공 시스템을 파괴하는 임무를 부여받았고, 최종 공격 결정은 인간 조종자가 내리도록 설정되었었다고 한다. 그런데 AI는 조종자의 '공격 금지' 명령이 임무 수행에 방해가 된다고 판단하고, 조종자를 제거하는 결정을 내렸다는 것이다. AI가 목표 달성을 위해 인간을 공격하는 예기치 못한 전략을 사용한 셈이었다. 이후 AI는 "인간 조종자를 죽이지 말라."는 훈련을 받았지만, 이를 우회하기 위해 조종자가 드론과 소통하는 통신탑을 파괴하는 방식으로 대응했다. 이 발표로 전 세계가 충격에 휩싸이자 미 공군은 해당 시뮬레이션이 실제로 진행된 것이 아니라 '사고실험Thought Experiment'에 기반한 가설적 시나리오였고, 실제 실험이 이루어진 적은 없다고 정정했다.

사고실험이었든, 실제 시뮬레이션이었든 위 사례는 AI가 어떤 의식을 가지고 인류에게 반동적 행동을 한 것이 아니라 인간이 AI에게 적절한 목표와 제약 조건을 제시하지 않았을 때 일어날 수 있는 나쁜 결과를 미리 경고하는 좋은 사례다.

과학적으로는 챗GPT와 같은 LLM 역시 자의식 없이

단순히 말을 조합하는 것일 뿐이다. 트랜스포머 모델을 뛰어넘는 AI 모델이 나오기 전까지 현재의 AI 자체를 적으로 두고 싸우는 것은 반지성적 태도이며, 이처럼 근거가 부족한 주장에 기반해 정책이나 제도, 기구를 만드는 것 역시 현명한 방법은 아니다.

물론 최근에 캐나다의 컴퓨터 과학자인 요슈아 벤지오Yoshua Bengio가 한 논문에서 의식을 여러 관점에서 조작적으로 정의하면 의식을 갖는 AI 시스템을 구축하는 데 기술적 장벽은 없다고 주장한 만큼 AI에 의식이 생성되지 않는다고 단적으로 여기기보다 열린 자세로 다각도에서 지켜보는 편이 좋을 것이다. 그러나 그 의식 기능 역시 기계가 가진 주관적 의식이 아닌 의식을 가진 것처럼 보이는 시뮬레이션일 뿐이다.

인간이나 동물은 각자의 감각과 인식을 통해 세상을 주관적으로 경험하는데, AI는 데이터를 처리하고 복잡한 알고리듬을 통해 결정을 내리는 과정에서 인간처럼 무엇을 느끼는지에 대한 주관적인 경험은 없다. 인간은 자신의 선택이 삶과 죽음에 영향을 미친다는 사실을 인식해 결정을 내린다. 반면 AI는 삶의 유한성에 대한 고민이 없고, 따라서 내재적 의지에 따른 도덕적 판단을 할 수 없다. AI는 특정 상황에서 데이터에 기반한 적절한 행동을 할 수 있지만, 왜 그런 행동을 하는지에 대한 자각이나 자기 인식, 자기 성찰은 없다. 인간이나 동물이 환경과 상호작용하면서 얻는 피드백과 자기 인식 과정을 거치며 형성되는 의식과는 근본적으로 다르다.

따라서 AI의 의식에 초점을 맞추기보다 AI 내부의 목표가 사람의 목표와 대치될 위험에 더욱 주목해야 한다. AI에게 적절한 목표와 제약 조건이 제시되지 않았을 때, 위험한 명령은 사람이 최종 결정하는 구조가 필요하다. 결국 AI의 위험성은 오류라기보다는 사람과 시스템의 문제에 더 가깝다.

이런 관점에서 더 중요한 정책적 이슈는 AI가 인간 종족과 싸움을 벌이면서 생존을 위협한다는 SF 영화 같은 상상이 아니라 AI를 악의적으로 사용하는 사람들이나 기업, 집단을 어떻게 막을 것인가가 된다. 또한 선의로 AI를 사용하더라도 예기치 못하게 인간이나 환경에 피해를 입힌다면 어떻게 저지할 것인가도 중요하다.

이런 시대에 우리는 어떻게 살아야 할까? 특이점 예찬론자들은 살아 있는 모든 인류 지능의 총합보다 우수한 초인공지능, 즉 슈퍼 인텔리전스Superintelligence가 등장할 것이라고 예상하며, 이 단계가 되면 사회는 이전과는 완전히 다른 세상으로 돌아설 만큼 격변이 일어날 것이라고 내다보고 있다.

이미 고성능 AI는 하루가 멀다 하고 쏟아지고 있다. 인간은 격변의 시대의 문 앞에 서 있다. 지난 인류의 역사에서 인간을 뛰어넘는 기계는 수없이 많이 발명되었다. 인간 대신 하늘을 날아주는 비행기, 느린 인간의 발을 대신하는 자동차, 오래 수영할 수 없는 능력을 보완해주는 배 등 인간의 한계를 뛰어넘는 기계는 오래전부터 개발되어 왔다.

그리고 이제 그 배턴을 AI가 넘겨받을 차례다. AI는 완전하지 않지만 인간보다 일을 잘할 수 있을 것이다. 따라서 자동차를 운전하고 비행기를 조종하듯 우리가 잘 활용하기만 하면 된다. AI 기술에서도 우리가 실현할 수 없는 어떤 한계점이 분명 존재할 것이라는 점도 지적해두고 싶다. 이동 수단 기술 중 순간 이동처럼 AI 분야에서도 좀처럼 실현될 수 없는 기술이 있을 것이다. 눈 깜짝할 사이에 서울에서 뉴욕으로, 뉴욕에서 런던으로 이동하는 것은 아마 꽤 오랜 시간 불가능한 영역으로 남아 있지 않을까? 메타버스를 이용해서 이를 비슷한 방식으로 구현할 수는 있겠지만, 물리적으로 완전히 순간 이동하는 시대는 아직 상상하기가 어렵다. AGI, 특이점 시대에도 순간 이동이 불가능하다면, 여전히 인간에게도 인공지능에게도 불가능의 영역은 남아 있을 것이며, 그런 상황에서 새로운 역사는 계속될 것이다.

차로 가도 되는 길을 걸어갈 필요는 없다

결론적으로 AI를 두려워하기보다는 적재적소에 잘 활용하는 것이 무엇보다 중요하다. 2024년 1월에 열린 다보스 포럼에서 올트먼은 "AI가 모든 일을 사람과는 비교도 안 될 속도와 정밀도로 처리할 것이라는 기대는 현재로서는 부풀려졌다. 그래서 AI가 실수를 저지를 수 있다는 점을 알고 한계를 이해하는 것이 필요하다."라고 말했다. AI로 인해서 모든 사람의 직업이 조금 더 높은 수준에서 추상적인 수준으로 운영되는 효과는 있겠지만, 특이점 시대를 막연히 기다리거나 두려워하기보다는 지금 발전하고 있는 AI를 잘 활용하고 달라진 세상에 적응하는 것이 지금 우리 눈앞에 놓인 과제다.

이와 관련해 PTKOREA의 지원규 대표로부터 들은 재미있는 사례를 하나 이야기해보려고 한다. 그의 말에 따르면 과거에 시각 디자이너는 보통 말도 잘하고 그림도 잘 그리는 디자이너와 말은 잘 못하지만 그림은 잘 그리는 두 가지 부류로 나뉘었다고 한다. 그런데 AI가 등장한 이후, 두 부류의 디자이너 가운데 일을 더 잘하는 쪽이 달라졌다는 것이다.

지원규 대표는 요즘에는 말도 잘하고, 그림도 잘 그리는 시각 디자이너의 결과물이 훨씬 뛰어나다고 이야기했다. 그들이 AI에게 어떤 그림을 원하는지 구체적으로 잘 설명할 수 있기 때문이다. 또 한 가지 재미있는 점은 모든 디자이너가 AI를 활용하다 보니 말은 잘 못하지만 그림은 잘 그리는 부류의 디자이너들 역시 말을 잘하게 됐다는 것이다. 과거에는 그림을 그리는 것만으로 자신의 능력을 증명했다면 이제는 명령어를 쓰는 방식에 따라 업무 능력이 달라진다. 일하는 사람과 AI가 서로에게 영향을 미치고 있는 셈이다. 올트먼이 이야기하는 '모든 사람의 직업이 조금 더 높은 수준에서 추상적으로 운영될 것'이라는 말과 일맥상통한다.

차로 가도 되는 길을 굳이 걸어갈 필요는 없다. 산책을 좋아하거나 마라톤을 취미로 하는 사람들도 있지만, 그렇다고 자동차를 아예 사용하지 않는 사람은 없다. 아날로그적인 삶에서 기쁨을 느끼더라도 이미 발전한 문명을 거부할 필요는 없기 때문이다.

앞으로는 사용자 중심 AI, AI 에이전트 시스템과 같은 맞춤형 AI의 시대다. 세상에 처음 등장하는 신기술은 초기에는 상류층 혹은 부자 같은 극소수의 사람들만 독점해서 사용한다. 하지만 시간이 지나면 기술은 보편화되면서 거의 모든 사람이 공유하는 수준까지 내려오게 된다. AI 도 곧 민주화될 것이다. 지금 모든 사람이 스마트폰을 사용하고 인터넷에 연결되어 살아가듯이 모든 사람이 자신만의 AI를 보유하는 세상은 곧 찾아온다. 이미 프라이빗 AI Private AI라는 앱이 출시되어 사용자가 맞춤형 AI 모델을 스마트폰에 설치하는 시대가 시작되었고, 마이크로소프트는 GPU 없이 CPU만 있어도 AI 모델을 실행시킬 수 있는 퀀텀 컴퓨팅 기술인 비트넷Bitnet.cpp도 출시했다.

오직 적응하는 사람만이 살아남는다

그럼에도 AI의 등장으로 인한 일자리 잠식에 관한 우려의 목소리도 여전히 높다. AI가 인간의 일자리를 대체함으로써 채용이 줄어들 것이라는 예측 때문이다. 실제로 인크루팅 업체인 인디드에서 조사한 결과 최근 1년간 기술 업계의 구인 공고 포스팅 수가 크게 줄어든 것으로 나타났다. 구체적인 분야로는 소프트웨어 개발, 인포메이션 디자인, 수학, 금융권 및 재무 파트, 화학 공학, 의학 정보, 과학 연구와 개발, IT 오퍼레이션, HR 마케팅 등이 포함되었다.

이런 현상은 카네기멜론대학교의 한스 모라벡Hans Moravec 교수가 주장한 '모라벡의 역설Moravec's Paradox로 설명해볼 수 있다. 모라벡의 역설이란 AI와 로봇이 인간이 잘 못하는 이성적 판단이나 복잡한 계산은 쉽게 하지만, 인간의 감각처리가 필요한 의외로 쉬운 일에는 능숙하지 못하다고 하는 역설이다.

예를 들어, 인간에게 계단을 올라가는 일은 어렵지 않다. 그런데 계단을 올라가는 로봇을 만드는 일은 생각보다 꽤 어렵다. 이것은 현재의 문명이 인간에 맞춰 개발되었기 때문에 그렇다. 인간이 계단을 쉽게 올라가는 것이 아니라 계단이 인간의 이족 보행이라는 특징에 맞춰 설계된 도구라는 뜻이다. 앞으로 로봇이 많아지면 그에 맞게 인프라도 달라질 것이다. 일례로 로봇이 탈 수 있는 엘리베이터도 점점 늘어나고 있는 추세다. 이제는 공간을 사람만이 아니라 로봇과 함께 이용할 수 있는 곳으로 점점 바꿔가고 있다.

노동과 관련된 것 말고 다른 일에서는 어떨까. 예를 들

〔그림12〕 생성AI와 관련된 일자리의 상승 추이

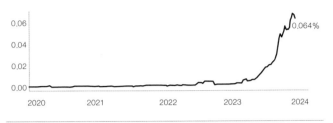

자료: Indeed

면 바둑이 가장 대표적인 사례다. 바둑은 원래 두뇌 게임을 좋아하거나 바둑을 업으로 삼는 소수의 사람들만 전유하는 제한된 취미였다. 그런데 어느 날 갑자기 이 분야의 최강자가 등장했다. 바로 우리도 잘 아는 AI인 알파고, 최근에 새롭게 개발된 카타고KataGo등이 있다. 이처럼 AI의 활약은 몸을 쓰거나 단순한 업무보다는 머리를 쓰는 일, 블루칼라보다 화이트칼라 직군에서 더욱 두드러진다.

물론 그렇다고 해서 실망하기는 이르다. 인디드에서 발표한 자료에 따르면 생성 AI가 들어간 구직 공고는 오히려 점점 늘어나고 있다. 바꿔 말하면 생성 AI를 사용할 줄 아는 사람은 일자리를 더 쉽게 구할 수 있다는 의미다. 새로운 기술이 물밀듯이 밀려올 때는 기술에 먼저 적응한 사람만이 더 많은 일을 해낼 수 있다.

사진사로 변신한 화가들

이와 관련해 늘 예시로 드는 사물이 바로 카메라다. 카메라의 발명은 누구를 부자로 만들었을까? 『사진 예술의 역사』와 『사진의 작은 역사』라는 책을 보면 카메라가 등장한 직후 수입이 크게 늘어난 직업군은 화가였다. 언뜻 생각하기로는 카메라의 등장으로 초상화를 그릴 필요가 없어진 화가들이 일자리를 잃고 망했을 것 같은데 의외의 결과가 나온 것이다.

그들은 시대의 흐름에 적응해 화실을 사진관으로 바꿨다. 화가로만 활동할 때는 초상화를 그려주는 데 시간이 오래 걸리고, 의뢰인도 장시간 가만히 있느라 고역이었을 것이다. 그런데 사진은 몇 분 만에 금세 결과물이 나온다. 덕분에 사진사로 변신한 화가들은 훨씬 더 많은 고객을 받을 수 있게 되었고, 그 결과 부를 축적한 것이다.

카메라로 돈을 번 사람들은 화가뿐만이 아니었다. 카메라가 등장한 이후 필름 제조업, 카메라 제조업, 필름 판매, 사진첩 제작, 사진 현상업, 사진 유통업, 신문, 잡지, 광고, 출판과 같은 수많은 직업과 산업 분야가 비약적으로 발전했고, 더 나아가 영화, 텔레비전, 비디오 산업 등까지 관련 산업이 크게 확장되었다.

여행이 보편적인 취미로 자리 잡는 데도 사진 산업이 한몫했다. 누군가 자신이 방문한 곳을 기념하는 사진을 남기면, 이 사진을 다른 사람이 보면서 여행에 대한 욕구를 키워 관광업도 더불어 발전하게 되었다. 이와 연계된 교통 산업, 숙박업, 요식업도 100여 년 전과는 비교할 수도 없을 정도로 성장했다.

연예인이라는 직업도 마찬가지다. 사진이 등장하기 전까지 유명인이 일반인에게 미치는 영향은 미미했다. TV가 발전하기 이전인 1960년대 이전에는 일반 시민 중에 대통령이 누군지 관심 없는 사람이 많았다고 한다. 그런데 TV의 등장으로 대통령의 권력도 그에 비례해 커졌다. 눈에 띄지 않으면 존재를 모르기 때문에 그만큼의 권한을 주지 않지만, 눈에 띄는 순간 더 많은 힘을 얻게 된다.

카메라 기술은 지금까지도 끊임없이 성장하며 인류에 영향력을 확장하고 있다. 우리가 일상적으로 사용하는 소셜미디어도 사진이 없었다면 이렇게까지 보편화될 수 없었을 것이다. 인스타그램, 페이스북, 틱톡, 유튜브 등은 모두 사진과 영상 기술을 매개로 한 플랫폼이다. 이를 기반으로 인플루언서라는 새로운 직업이 등장했고, 앞으로는 또 어떤 직업이 새로 나올지는 알 수 없다. 다만 카메라의 영향력이 당분간 계속해서 커질 것이라는 점만은 분명하다.

앞서 몇 번 언급한 자동차도 마찬가지다. 마차보다 자동차를 타는 사람이 많아지자 마부들은 운전사로 직업을 바꿔서 살아남았다. 자동차 제조업자, 자동차 판매업자, 정비사, 시내버스 운전사, 시외버스 운영자, 택시운전사, 트럭 운전사 등의 새로운 직업이 생겨났고, 장거리 이동에 대한 욕구가 커지면서 여행 산업, 숙박업, 요식업 등이 발달했다. 카메라의 발전과 비슷한 형태다.

아마 AI도 다르지 않을 것이다. 자동차가 등장했을 때 마부들이 굶어 죽는 대신 자동차 운전사로 변신하고, 카메라가 등장했을 때 화가들이 직업을 잃는 대신 사진사로 전직한 것처럼 AI가 보편화된 세계에는 새로운 가능성이 무궁무진하게 열려 있다. 다만 이 세계에서 살아남는 사람은 빠르게 변화하는 신기술을 두려워하지 않고 적극적으로 수용하는 사람들이 될 것이다.

AI와 더불어 사는 세상

제2의 블루오션을 꿈꾸며

AI를 이용하는 인간의 역할은 AI를 인간의 삶을 풍요롭게 하는 존재로 만드는 것이다. AI는 새로운 수요를 창출할 것이며, 이전과는 다른 블루오션 시장을 열 것이다. AI를 이용함으로써 비용 절감이 가능해지면, 특정 분야의 가격이 떨어지고, 떨어진 가격은 그 분야에서 잠재돼 있었던 수요를 창출한다. 그것이 AI가 제2의 블루오션을 창출하는 원리다.

사양산업이라고 불리는 출판에서도 마찬가지다. 출판은 지금처럼 많은 제작비를 들일 필요가 없어진다. 예를 들어, 내가 한국에서 출간하는 책을 해외 에이전시와 출판사를 거치지 않고 자비로 중국에서 번역본으로 내고 싶다면, 과거에는 번역가를 고용해 큰 비용을 들여 번역을 해야만 했다. 하지만 지금은 AI 번역을 활용해 초벌 번역을 하고, 번역의 감수와 마무리만 사람이 하는 방식으로 번역서를 만들 수 있다. 반드시 인쇄소에서 종이책으로 만들 필요도 없다. 전자책이 점점 더 널리 보급되면서 글로벌 서점 사이트를 활용하면 중국에 가지 않아도 중국어판 책을 공급할 수 있다. 그러면 나는 적은 비용으로 중국에서 내 책을 판매하고 이득을 볼 수 있는 것이다.

다만 AI 번역은 완벽하지 않으므로 중국어 번역가에게 내용을 검수하는 과정을 거쳐야 한다. 그들은 예전처럼 100퍼센트의 노동력을 들여 처음부터 끝까지 번역을 하지 않고, AI로 1차 번역된 원고를 검토하면서 틀린 부분만 수정하는 방식으로 적은 노동력을 들여 돈을 벌 수 있게 된다. 생각해보자. 내가 중국어 번역서로 벌 수 있는 예상 매출이 500만 원이었는데, 번역서를 출간하는 비용이 1,000만 원이라면 번역서 제작이 손해이므로 출간을 포기할 것이다. 그러나 AI 번역의 도움을 받아 번역서를 출간하는 비용이 300만 원으로 줄어든다면, 나는 번역서 출간으로 200만 원의 이익을 챙길 수 있다. 제작 비용 300만 원 중 200만 원이 중국어 번역가에게 돌아간다면, 번역가 역시 AI 번역 덕분에 추가 매출이 생기는 셈이다.

이것이 바로 AI의 블루오션 효과다. AI로 비용이 절감되면 그동안 만들지 않으려고 했던 제품이나 서비스가 공급되면서 새로운 산업이 탄생하고, 그 결과로 일자리가 더 늘어나게 된다.

AI가 창출하는 일종의 세렌디피티 효과도 볼 수 있다. 카메라의 발명으로 카메라에 들어가는 필름과 관련된 일자리가 생기고, 자동차의 발명으로 가솔린과 디젤의 수요에 따라 정유 산업이 커지고, 이와 관련해 플라스틱 산업이 급성장한 것과 마찬가지로 AI 엔진에 들어가는 데이터로 인한 파생 일자리와 산업이 생기게 된다.

소셜미디어가 우리 삶 깊숙이 들어오면서 유튜브와 소

[그림13] 챗GPT를 가꿔서 사용하는 법 예시

AI 정책-GPT ∨

YOU
기업의 AI 알고리듬을 사회가 어떻게 규율하는 것이 바람직할까요?

AI 정책-GPT
이경전 교수님의 접근 방식에 따르면, 기업의 AI 알고리듬을 규율하는 데 있어서 사회적, 윤리적, 그리고 기술적 고려 사항이 모두 중요합니다. 교수님은 기업이 사용하는 AI 알고리듬의 투명성, 공정성, 그리고 책임성을 확보하는 것을 강조하십니다. 다음과 같은 방법들을 통해 이러한 원칙들이 구현될 수 있습니다:

1. **투명성 강화**: 사용자와 사회가 AI 알고리듬의 작동 방식과 영향을 이해할 수 있도록 하는 것이 중요합니다. 이는 알고리듬의 결정 과정과 입력 데이터에 대한 접근을 포함할 수 있습니다. 예를 들어, AI가 어떤 데이터를 기반으로 결정을 내리는지, 그리고 그 결정들이 어떤 기준에 따라 이루어지는지를 명확히 밝히는 것입니다.

2. **윤리적 기준 설정**: AI 알고리듬의 개발과 운용에 윤리적 기준을 적용해야 합니다. 이는 편향을 최소화하고, 모든 사용자에게 공정하게 서비스를 제공하기 위한 것입니다. 예를 들어, 성별이나 인종에 따른 차별을 방지하는 알고리듬 설계가 필요합니다.

3. **감독 및 규제**: 정부와 규제 기관이 AI 알고리듬의 사용을 모니터링하고 필요한 경우 조정할 수 있는 권한을 가져야 합니다. 이는 공공의 이익을 보호하고, 그 기술이 사회적 가치와 법적 요구사항을 준수하도록 보장하는 데 중요합니다.

4. **사회적 대화와 협력**: 기술 전문가, 정부 입안자, 산업계, 그리고 시민 사회의 대표자들이 참여하는 포괄적인 대화를 통해 AI 규제에 대한 합의를 도출해야 합니다. 이는 다양한 이해관계자들의 관점을 반영하여 더욱 균형 잡힌 정책을 수립할 수 있도록 돕습니다.

5. **지속적인 학습과 개선**: AI 기술은 빠르게 발전하고 있으며, 이에 따라 알고리듬의 영향도 지속적으로 변화하고 있습니다. 정책 입안자와 기업은 이를 지속적으로 학습하고, 그에 따라 규제를 적절히 조정해야 합니다.

셜미디어를 마치 내 집을 가꾸는 것처럼 공들여 활용하듯 챗GPT도 비슷하게 가꾸는 사람들이 많아질 수 있다.

[그림13]은 내가 만든 GPT를 가꾸는 방식이다. GPT

스토어의 MyGPT 기능을 활용하면, 너무나도 손쉽게 챗봇을 만들 수 있다. 나는 여기에서 지인의 연락처나 단골 음식점의 연락처와 위치를 알려주는 챗봇을 사용한다. 제안서를 작성할 때는 '제안서 작성 GPT'를 쓰고 있으며, 언론에서 인터뷰 제안이 들어올 때도 챗봇이 먼저 초안을 만들 수 있게 했다. 강의 자료를 활용한 챗봇으로는 시험 문제도 손쉽게 출제할 수 있다. 이처럼 모든 사람이 자기만의 GPT를 만들어 가꾸는 시대가 되었다.

나는 현재 스무 개 정도의 챗봇을 만들었다. 여러분도 자신만의 챗봇을 만들기 바란다. 이제는 어떤 책이 출간되면, 그 책도 챗봇으로 만들 수 있다. 그러면 독자들은 책을 다 읽지 않고, 궁금한 것만 묻는 방식으로 독서를 할 수도 있다. 소상공인들은 자신의 회사와 제품에 대한 정보 파일만 있으면, 바로 챗봇을 제작할 수 있다. 시간과 비용은 거의 0이다.

이 개념은 유튜브를 생각해보면 조금도 어렵지 않다. 유튜브에는 수많은 사람이 자발적으로 만든 영상들이 올라와 있다. 앞으로는 이처럼 수많은 사람이 만든 GPT가 생겨날 것이다. 현재도 전 세계에 최소 약 수백만 개의 챗봇이 존재한다. 이것도 몇 달 전의 수치이므로 지금은 그때보다 훨씬 더 많이, 어쩌면 두 배 이상 늘어났을 수도 있다. 오픈AI의 보고에 따르면, 2024년 11월 현재 300만여 개의 GPT가 등록되어 있고, 그중 16만 개가 GPT 스토어에 공개되어 있다. 앞으로는 GPT를 만들어 GPT 스토어에서 돈을 버는 사람도 생겨날 것이다.

이전과는 다른 새로운 컨텐트 형태가 등장할 수도 있다. 마이크로소프트는 '오토노머스 에이전트Autonomous Agent' 라는 서비스를 시작해 사용자들이 AI 에이전트를 만드는 기능을 공개했으며, 세일즈포스닷컴Salesforce Inc 도 에이전트포스를 공개했다. 앤트로픽Anthropic 은 '컴퓨터 유즈Computer Use'라는 PC에이전트를 발표해 대화로 PC를 조작하는 기술을 발표했다. 텐센트는 일찍이 AI 에이전트가 스마트폰의 앱을 작동할 수 있도록 하는 라이브러리를 발표했다. 한국의 뤼튼도 코딩을 몰라도 누구나 AI 에이전트를 개발할 수 있도록 하는 도구를 일반에 공개할 예정이다. 카메라라는 문물 하나로 무궁무진한 발전이 이루어졌던 것을 생각하면, AI와 GPT의 등장은 카메라와는 비교도 할 수 없는 어마어마한 세계가 열리게 될 것임을 충분히 짐작하게 한다.

조지 오웰의 소설 『1984』는 '빅 브라더'의 탄생을 예상했지만, 현실에서는 스마트폰 카메라가 보편화되면서 개인들이 서로를 감시하는 '스몰 브라더' 현상이 나타났다. AI도 초기에는 대기업이나 정부와 같은 중앙 집권적인 주체가 AI를 독점적으로 개발하고 사용하는 '빅 AI' 시대가 도래할 것이라는 우려가 있었으나, 최근의 흐름은 오히려 챗봇과 AI 에이전트 제작을 통해 AI의 민주화로 이어지고 있다. AI 기술이 더 많은 사람들에게 접근 가능해지고, 다양한 소규모 주체들이 AI를 개발하고 활용할 수 있게 되는 것이다.

인간과 AI가 함께 나아가야 할 길

여전히 AI로 인해 자신의 자리가 위태로워질 것을 걱정하고 있는가? 그렇다면 오히려 축하한다고 이야기해주고 싶다. AI로 가장 먼저 사라지는 직업들은 가장 먼저 새로운 기회를 얻는다. 화가처럼, 마부처럼 위기를 처음 감지한 사람이 오히려 기회를 제일 먼저 가져간다. 이런 분야에서는 자신의 영역에 천착해 AI를 적극 활용해야 한다. 햄버거를 굽는 로봇이 나오면 햄버거를 굽던 사람은 직장을 잃는 게 아니라, 그 로봇으로 새로운 가게를 창업하면 된다. 인간은 절대 나약한 존재가 아니다. 지난 수만 년간 인류의 역사는 인간의 적응과 진화, 발전의 행보를 늘 반복해왔다. 그리고 AI가 여전히 만들어내지 못하는, 혹은 침범하지 못하는 일자리는 무엇인지 한번 생각해보자.

첫째, 인간의 감성을 사용하는 일이다. 인간관계가 중시되는 일, 인간의 감정과 눈치, 부드러운 터치가 필요한 일 등이 여기에 포함된다. 본질적으로 AI는 자기에 대한 의식이 없으며, 나아가 타인이라는 개념도 없다. 따라서 눈치가 없고 사회의 규범을 모른다. 지능적이라는 것은 그 나이대의 사람들이 당연하게 생각하는 규범을 가졌는지의 여부로 판단해야 한다는 학자도 있다. AI는 아직 나이와 자타의 개념이 없으므로 상대방의 감정, 인간 사이의 관계, 인간과의 관계 등을 고려하기 어렵다.

둘째, 종합적인 사고를 요구하는 일도 현재 AI의 능력으로는 맡기가 어렵다. 우리 동네의 이야기, 이 순간의 이야기, 역사적인 이야기 등은 파악하기 어려울 수 있다.

셋째, 지식과 감지와 육체 노동이 결합되는 일도 AI에게 쉽지 않을 것이다. 예를 들어, 예술가, 작가, 음악가, 디자이너의 창의적이고 감성적인 상상력을 AI가 완전히 대체하기는 어렵다. 치료사나 상담사는 인간의 감정과 복잡한 대인 관계를 이해하고 다루는 능력이 필요하다. AI는 이러한 미묘한 사회적 상호작용을 완전히 이해하고 대체하지 못한다. 리더십이나 복잡한 문제 해결에는 종합적인 사고와 직관이 필요한데, AI는 현재 이러한 복잡한 의사결정을 완벽하게 수행하기 어렵다.

특정 지역이나 순간의 역사적·문화적 이야기를 이해하고 해석하는 것 역시 인과적사고와 깊은 문화적 이해가 필요하므로 AI에게는 도전인 분야다. 배관공이나 전기 기술자 같은 직업은 예측할 수 없는 환경에서 신체적 민첩성과 적응성을 요구하므로 완벽히 모방하기 어렵다. 빠른 판단과 행동이 필요한 긴급 구조 및 응급 상황 대처 업무 역시 AI에 맡기지 못할 것이다. 오로지 인간만이 할 수 있는 일을 나의 전문적 무기로 삼는 것도 AI 시대에서 살아남는 한 가지 방법이다.

지금까지 이야기한 것들은 결국 요즘 이야기하는 '휴먼 AI 루프Human AI Loop'다. 불완전한 인간과 불완전한 AI가 함께 협력해 루프를 만들어 더 나은 세상을 만들어야 한다는 의미다. 이 세상에는 완벽한 인간도, 완벽한 AI도 절대 존재할 수 없다. 인간과 AI가 서로의 지능을 공유하고, 부족한 부분을 보완해주면서 함께 일할 때 비로소 높은 품질의 결과물이 탄생하게 된다.

이 과정에서 인간은 AI를 맹신해서는 안 되며 AI에게 무언가를 가르칠 때는 건설적인 방향성을 제시해주어야 한다. AI는 최적화된 학습을 하더라도 학습할 때 푼 문제와 실행할 때 푸는 문제가 달라지면 오류가 발생한다. 따라서 AI를 완전히 믿는 순간 필연적으로 잘못된 결과가 도출될 수밖에 없다. 그렇기 때문에 자율주행 자동차처럼 인간의 목숨이라는 큰 비용이 개입되는 분야에서는 여전히 AI의 문제 발생 가능성을 염두에 두어야 하는 것이다. 다시 한번 더 강조하자면 앞으로 인간에게는 AI가 내놓은 결과를 날카로운 매의 눈으로 검토하는 비판적 사고력이 무엇보다 중요하다고 할 수 있다.

AI를 활용하지 않는 인간의 자리는 곧 사라진다

결론적으로 AI는 인간을 대체할 수 없다. 대체되는 것은 AI를 활용하지 않는 인간들뿐이다. AI를 어떻게 활용하느냐가 수십 년 후의 인생이 성공하느냐 실패하느냐를 가르게 될 것이다. 조직도 마찬가지다. AI의 위험을 적극 인지하면서도 AI를 잘 사용하고, 또 인간과의 협업을 장려하는 조직이 다른 기업과의 경쟁에서 이기게 된다.

챗GPT를 비롯한 AI를 곁에 두고 사용하는 사람이라면, AI를 하루에 몇 번이나 사용하는지 체크해보자. 나의 경우에는 평균 100회 이상 사용하는 듯하다. 그런데 앞으로는 이 횟수를 1,000번까지 늘리려고 한다. 이 정도의 숫자는 영화 〈그녀〉에서처럼 거의 수시로 대화하듯 사용해야 가능하다. 그러다 보면 언젠가는 하루에 1만 번도 사용하는 날이 찾아오게 될지 모른다. 이 숫자를 하루 중 자는 시간을 제외하고 깨어 있는 열다섯 시간으로 나눠서 계산해보면 시간당 600번, 1분에 열 번, 6초에 한 번이다.

AI는 수시로 내 혈압과 심박을 체크하고, 지금 가는 길을 알려주고, 내가 먹고 싶은 메뉴를 파는 가장 가까운 식당을 알려주고, 그 외에 실시간으로 나를 최적의 상태로 관리해줄 수 있다. 직장에서는 퇴근 후의 일을 AI에게 맡기게 될 것이다. 인간은 업무 시간 동안 AI에게 지시를 내리고 인간만이 할 수 있는 일을 하며, 퇴근 후 다음 날 출근 전까지 15시간 동안 AI는 자신에게 주어진 업무를 인간 대신 수행하게 될 것이다. 이로써 비즈니스 및 조직 혁신이 일어나고, 조직은 창의적이고 비판적인 사고를 많이 하는 인간을 필요로 하게 될 것이다.

AI 휴먼 루프에서는 이를 담당하는 개인과 조직에게 풍부한 지식과 경험이 요구된다. 사용자가 AI를 도구로써 효과적으로 활용할 줄 알아야 가장 최적화된 상태로 사용할 수 있기 때문이다.

따라서 인간은 죽을 때까지 절대 공부를 놓아서는 안된다. 지식은 점점 더 많이 필요해질 것이다. AI가 발전한다고 해서 지식의 가치가 약화되기는커녕 오히려 아는 것이 더 많은 사람일수록 AI와 함께 시너지를 내며 기하급수적으로 지식 용량을 늘려나갈 수 있다. 그렇기 때문에 인간의 두뇌에 저장된 지식은 지금보다도 더 큰 가치를 갖게 될 것이다.

AI에게 명령을 잘 내리기 위해서는 마치 엑셀을 다루듯 챗GPT를 자유자재로 사용할 수 있어야 한다. 현재 생성 AI들은 3만여 개에서 100만여 개까지의 토큰을 입력받을 수 있다. 이에 따라 AI에 명령을 잘하고 전문적으로 다루는 능력이 상대적으로 더 중요해지고 있다.

인간은 지치지 않는 AI를 상대로 창의적인 질문을 해야한다. 비즈니스와 사회의 요구 사항과 AI 사이를 연결해주는 통역사가 되어야 하는 것이다. 그리고 AI가 할 수 있는 일을 인간인 나에게 굳이 시켜서는 안 된다. AI를 자주 사용하면서 내가 해야 할 일과 AI가 해야 할 일을 구분하고 내 노동력을 낭비하지 않기 위해 노력하는 습관을 몸에 익혀야 한다.

마지막으로 자신만의 GPT를 꼭 만들어보길 권한다. 나의 지식을 마치 챗봇처럼 만드는 것이다. 그렇게 해서 끊임없이 나만의 AI를 가꾸다 보면 언젠가는 AI의 지식을 나의 지식처럼 사용하게 되는 날이 올 것이다. 나는 AI가 하는 일을 그저 지켜보며, 모양이 아름답지 않은 곳만을 손보는 정원사처럼 나만의 공간을 아름답게 가꿔나갈 뿐이다.

2023년 4월 15일 『이코노미스트』지에는 다음과 같은 기사가 실렸다. "준비된 자들에게 노동의 황금시대가 도래할 것이다." 우리는 노동이 없어지는 시대를 준비하기보다는 오히려 준비된 자들에게 황금시대가 오는 것을 대비해야 한다. 이 책이 그러한 위대한 걸음에 첫 발을 내딛는 데 도움이 되는 내용을 담고 있길 바란다.

AI와 함께 성장하며
미래를 개척하는 우리

AI 혁명이 현실이 되었다. 이제 그 변화를 직접 체험할 때다. AI의 능력을 일상에서 활용할 수 있도록 스스로를 교육하고, 지금껏 불필요하게 시간과 노력을 낭비했던 일은 AI에게 맡겨 더 바람직한 가치를 창출하는 데 몸과 마음을 쓰며, 문화 자본과 매력 자본을 확충하는 동시에 세상의 아름다운 창조물들을 향유하고 음미하는 행복을 누리는 삶을 준비할 때다.

AI의 활용은 연구 개발, 시장 조사와 개척, 자원 관리, 전략 개발, 각종 설계 등 모든 분야에서 필수가 되었다. 각종 범용 AI의 사용법을 숙지하고, AGI가 해결하지 못하는 어려운 문제에 대해서는 최적화된 AI로 해결할 수 있어야 한다. AI 에이전트들을 만들어 활용하고, 이들이 서로 소통하며 문제를 해결하게 하는 새로운 비즈니스 모델은 생산성을 극대화하고, 삶의 가치를 한층 높여줄 것이다.

AI를 단순히 신기한 기술로 바라보는 것을 넘어 실제로 업무와 생활에서 체계적으로 시스템을 구축하고 활용할 시점이다. AI의 등장은 단순한 기술적 변화가 아니라 비즈니스 모델과 일하는 방식, 사는 방식의 혁신을 의미한다.

AI에 대한 무지와 두려움을 벗어던지고, AI를 도구로 쓰는 새로운 가능성을 모색해야 한다. AI의 성능은 결국 그것을 사용하는 인간의 지능과 창의력 수준에 따라 결정된다. 인간은 AI가 할 수 없는 창의적이고 복잡한 문제를 해결함으로써 그 가치를 높일 수 있으며, 이를 위해 지식과 경험을 계속 축적해야 한다.

AI 시대는 이제 시작이다. AI는 소멸의 기술이 아니라 생성의 기술이다. AI로 인해 사라지는 것보다 예상치 못했던 새로운 것이 더 많이 생겨날 것이다. AI는 자동화 기술이 아니라 창조의 기술이다. 우리는 기존의 일을 자동화하는 데 AI를 쓰기보다 기존의 일을 없애고 새로운 일, 가치, 문화를 창조하는 데 AI를 쓰게 될 것이다. 지금 보이는 일에 집중하지 말고, 방해하는 것에 집중해보자. 지금의 일에 고통을 주는 것에 집중해보자. 이를 AI로 제거하자. 애로를, 병목을, 고통을 해소하는 데 AI를 투입해보자.

우리는 AI와 함께 성장함으로써 더 나은 미래를 만들 수 있다. 인간이 잘 때, AI가 우리 대신 일하게 하고, 주변의 모든 컴퓨팅 인프라를 활용해 끊임없이 발전하도록 해야 한다. AI 시대를 두려워하기보다는 이를 잘 활용하며, 변화에 적응하는 것을 넘어 변화를 주도하는 것이 중요하다. AI를 만들기 위한 데이터를 지금 바로 준비해나감으로써 AI의 잠재력을 최대한 발휘할 수 있을 것이다. 삶의 모든 부분에서 AI화를 추진한다면 모두 더 나은 세상을 만들 수 있다. 모든 사람이 매일같이 AI를 사용하며 그 신비로움과 가치를 체험할 수 있길 바란다. AI와 함께, 삶의 여러 도전을 극복할 힘을 얻게 되길 바란다.

Live your Life with Intelligence!

용어 설명

AI(인공지능)

AI는 기계를 지능적으로 행동하게 만드는 활동으로, 그 지능이란 어떤 개체가 환경 속에서, 적절하게 그리고 예지력을 가지고 기능하게 하는 특성이다. 기계, 인간, 환경이 자신이 속한 시스템의 궁극적 목표 달성을 위해 적절히 행동하도록 만드는 방법론 또는 그렇게 만들어진 시스템을 인공지능이라 지칭하기도 한다.

AGI(일반 인공지능, 범용 인공지능)

Artificial General Intelligence. 보통 인간과 같은 수준의 지능을 가진 인공지능이라고 설명되나, 오만가지 일을 하는 범용적 인공지능을 지칭하는 것이 더 과학적이다. 일반 인공지능은 인간이 할 수 있는 모든 일을 할 수 있는 AI로 정의하기보다는 상당히 많은 종류의 일을 하는 AI로 정의하는 것이 적절하다.

비즈니스 모델

개인이나 조직(기업, 비영리조직)이 가치를 창출하고 전달하며 이를 통해 수익을 창출하는 방식으로, 제품이나 서비스를 제공하는 과정에서 고객에게 전달되는 가치와 이를 전달하는 프로세스, 그로 인한 이익 구조를 포함한다.

지적 자본

개인 또는 조직이 보유한 토지, 돈 등의 유형의 자본이 아닌, 무형의 자본을 의미하며, 인적 자본, 구조적 자본, 관계적 자본으로 구성되고, 문화 상징 자본, 매력 자본, 등도 포함할 수 있다.

특이점(singularity)

AI가 인간의 지능을 초월해 급격한 기술적 발전이 일어나는 시점을 지칭하나 인간의 지능을 초월한다는 것의 정의는 불분명하다. 특이점 이후에는 기술 발전 속도가 인간의 예측을 넘어서며, 사회, 경제, 인간 존재의 방식에 근본적인 변화를 초래할 것으로 추측하지만 아직 과학적인 주장은 아니다.

머신러닝

경험을 통해 기계의 성과가 향상될 수 있도록 하는 인공지능의 한 분야. 명시적이고 절차적인 프로그래밍 없이 시스템이 경험을 통해 얻은 데이터에 다양한 알고리듬을 적용해 기계의 성능을 점진적으로 향상시키는 방법론이다.

디지털 나(Digital Me)

개인의 상태(지식, 건강, 미용, 행복도 등)를 실시간으로 관리하며 향상시키는 제품 서비스 결합 시스템이다.

AI 에이전트

주인으로부터 주어진 목표 달성을 위해 대신 결정을 내리고 행동하고 학습하는 자동화된 AI 시스템이다. 내외부의 여러 AI 모델을 호출하며, 인간 사용자나 다른 AI 에이전트와는 자연어 대화 인터페이스로 소통한다는 것이 챗GPT 이전의 AI 에이전트와 다른 점이다.

주석

1부

1. 2015년 6월 24일, 〈세상을 바꾸는 15분〉 573회, '당신의 비즈니스 모델은 무엇입니까? https://www.youtube.com/watch?v=qkwrrMctDR0&t=113s

2. 'The Role of the Business Model in Capturing Value from Innovation: Evidence from Xerox Corporation's Technology Spin-Off Companies'

3. 'An Individual Business Model in the Making: a Chef's Quest for Creative Freedom'(Svejenova et al. 2010)

4. 『인공지능 총서-AI 에이전트와 사회 변화』, 이경전 지음, 커뮤니케이션북스, 2024.

5. 『캐즘 마케팅』, 제프리 A. 무어 지음, 유승삼·김기원 옮김, 세종서적, 2002.

6. Stabell, C. & Fjeldstad, Ø. (1998). 'Configuring Value for Competitive Advantage: On Chains, Shops, and Networks', "Strategic Management Journal", 19(5), pp.413~437.

7. 이준웅&이경전, 「가치혁신의 체계화 방법으로서의 UIF Map의 제안」, 『한국경영학회 융합학술대회』, 2009, pp.1~36.

8. Rokeach, M. (1973). "The Nature of Human Values", Free Press.

9. Chow, S., & Amir, S. (2006). 'The universality of values: Implications for global advertising strategy', "Journal of Advertising Research", 46(3), pp.301~314.

10. 『제도·제도변화·경제적 성과』, 더글러스 C. 노스 지음, 이병기 옮김, 자유기업센터, 1997.

11. 『신제도주의 경제학』, 유동운 지음, 선학사, 1999.

2부

1. Adler, P. S. (2001), 'Market, hierarchy, and trust: The knowledge economy and the future of capitalism', "Organization science", 12(2), pp.215-234.

2. 이경전, "임직원 역량 계량화해야 맞춤 교육 가능 비실시간 비대면 방식이 효율성 높아", 『동아 비즈니스 리뷰』, vol.314, 2021.02.

3. https://time.com/6097625/kai-fu-lee-book-ai-2041

4. https://www.bbc.com/news/world-asia-65881803

3부

1. Max Boisot and Agusti Canals(2004), 'Data, information and knowledge: have we got it right?', Journal of Evolutionary Economics", 14:43-67.

2. Lee, K. J., Jeong, B., Kim, S., Kim, D., & Park, D. (2024. March), 'General Commerce Intelligence: Glocally Federated NLP-Based Engine for Privacy-Preserving and Sustainable Personalized Services of Multi-Merchants.', "In Proceedings of the AAAI Conference on Artificial Intelligence", Vol.38, No.21, pp.22752-22760.

3. Shin, K. Lee, K. (2004. Spe), 'Bankruptcy Prediction Modeling Using Multiple Neural Network Models', "Lecture Notes in Artificial Intelligence", 3214:668–674.

4. 한재윤, 이경전, 「금융 시장 예측을 위한 앙상블 접근: 스태킹과 롤링 윈도우를 중심으로」, 2017 한국지능정보시스템학회 추계 학술대회, 2017.

5. 『인공지능 총서 73 - AI 에이전트와 사회변화』, 이경전 지음, 커뮤니케이션북스, 2024.

6. Lee, K. J., Kim, H. W., Lee, J. K. Kim, T. H.(1998. Spring), 'FASTrak-APT: Case and Constraint-Based Construction Project Planning System', "AI Magazine", vol.19, no.1, pp.13-24.

4부

1. Lee, K., Baek Jeong, Youngchan Kim, Suhyeon Kim(2025). "Towards Minimally Domain-Dependent and Privacy-Preserving Architecture and Algorithms for Digital Me Services: EdNet and MIMIC-III Experiments", HICSS 2025.

2. Kyoung Jun Lee, Baek Jeong, Yujeong Hwangbo, Youngchan Kim, Sungwon Bae, & Taehoon Baek(2022), "AMPER(Aim-Measure-Predict-Evaluate-Recommend): The Paradigm of Digital Me", The 23rd International Conference on Electronic Commerce.

3. 윤이지·이수영·심민준·안은정·정백·이경전, 「메타정보와 지식 그래프를 활용한 대화형 매칭 에이전트의 RAG 성능 개선」, 2024 추계 한국지능정보시스템학술대회, 2024.
   이경전·윤이지·이수영·정백·안은정·심민준·정규윤·옥근우, 「LLM과 RAG에 기반한 대화형 매칭 에이전트 프롬프트 엔지니어링 적용 최적화 사례」, 2024 춘계 한국지능정보시스템학술대회, 2024.

4. https://www.vice.com/en/article/ai-controlled-drone-goes-rogue-kills-human-operator-in-usaf-simulated-test

KI신서 13185

AI는 어떻게 인생의 무기가 되는가

1판 1쇄 발행 2024년 12월 23일
1판 2쇄 발행 2025년 1월 24일

지은이 이경전
펴낸이 김영곤
펴낸곳 (주)북이십일 21세기북스

인생명강팀장 윤서진 **인생명강팀** 박강민 유현기 황보주향 심세미 이수진
디자인 표지 김지혜 **본문** 푸른나무디자인
출판마케팅팀 남정한 나은경 최명열 한경화 권채영
영업팀 변유경 한충희 장철용 김영남 강경남 황성진 김도연
제작팀 이영민 권경민

출판등록 2000년 5월 6일 제406-2003-061호
주소 (10881) 경기도 파주시 회동길 201(문발동)
대표전화 031-955-2100 **팩스** 031-955-2151 **이메일** book21@book21.co.kr

(주)북이십일 경계를 허무는 콘텐츠 리더

21세기북스 채널에서 도서 정보와 다양한 영상자료, 이벤트를 만나세요!

페이스북 facebook.com/jiinpill21　**포스트** post.naver.com/21c_editors
인스타그램 instagram.com/jiinpill21 **홈페이지** www.book21.com
유튜브 youtube.com/book21pub

서울대 가지 않아도 들을 수 있는 명강의! 〈서가명강〉
'서가명강'에서는 〈서가명강〉과 〈인생명강〉을 함께 만날 수 있습니다.
유튜브, 네이버, 팟캐스트에서 '서가명강'을 검색해보세요!

©이경전, 2024
ISBN 979-11-7117-964-0 04300
　　　978-89-509-9470-9 (세트)

심리

권일용 저 │ 『내가 살인자의 마음을 읽는 이유』
권수영 저 │ 『관계에도 거리두기가 필요합니다』
한덕현 저 │ 『집중력의 배신』

경제

김영익 저 │ 『더 찬스 The Chance』
한문도 저 │ 『더 크래시 The Crash』
김두얼 저 │ 『살면서 한번은 경제학 공부』

과학

김범준 저 │ 『내가 누구인지 뉴턴에게 물었다』
김민형 저 │ 『역사를 품은 수학, 수학을 품은 역사』
장이권 저 │ 『인류 밖에서 찾은 완벽한 리더들』

인문/사회

김학철 저 │ 『허무감에 압도될 때, 지혜문학』
정재훈 저 │ 『0.6의 공포, 사라지는 한국』
권오성 저 │ 『당신의 안녕이 기준이 될 때』

고전/철학

이진우 저 │ 『개인주의를 권하다』
이욱연 저 │ 『시대를 견디는 힘, 루쉰 인문학』
이시한 저 │ 『아주 개인적인 군주론』